TRANSHUMAIN

Collection dirigée par Lidia Breda

Du même auteur
chez le même éditeur

Toxico
Pour un nouvel art dégénéré
Sexe et solitude
Autobiographie érotique
New York Rage
Attitudes

BRUCE BENDERSON

TRANSHUMAIN

MANUELS PAYOT

Retrouvez l'ensemble des parutions
des Éditions Payot & Rivages sur
www.payot-rivages.fr

106, boulevard Saint-Germain – 75006 Paris

ISBN : 978-2-228-90577-0

INTRODUCTION

À l'avenir, la frontière entre notre technologie et nos corps s'effacera. Que la technologie nous dévore ou que nous dévorions la technologie revient au même : nous sommes en train de devenir des machines, alors même que les machines sont en train de devenir nous-mêmes. Cette transformation profonde effacera les dernières lignes de démarcation entre la technologie et le corps, entre l'intelligence artificielle et l'esprit humain. Ce sera l'âge du « nano » : la technologie disparaîtra complètement parce qu'elle existera dans nos corps et non plus sur eux ; elle aura atteint l'intérieur de nos cellules, et jusqu'aux molécules qui les composent. En conséquence, au fur et à mesure que notre avenir deviendra de plus en plus technologique, comprendre et contrôler cette technologie deviendra de plus en plus impossible. À partir du moment où nous pourrons créer des machines qui pensent plus vite que nous, qui ont accès à davantage de données que nos cerveaux et qui peuvent traiter ces données en moins d'une seconde, qu'adviendra-t-il de notre destin ?

La réponse la plus naturelle à cette question est aussi la plus banale, à l'image de ce que j'écrivais lorsque, il y a un an, sans y réfléchir suffisamment, j'avais essayé de donner mon avis dans un article pour le magazine *GQ*[1]* : « La technologie du futur sera la chasse gardée d'un groupe de gens de plus en plus restreint », avais-je avancé. Le caractère impersonnel et abstrait de la technologie, de moins en moins équilibré par le facteur humain, fournira de plus en plus d'alibis pour l'exercice d'un pouvoir sans responsabilité. Dans ce monde virtuel, nous retrouverons-nous étrangers à nous-mêmes, du fait de la disparition de notre subjectivité ? Toutes les innovations qui auront affecté notre enveloppe extérieure prendront-elles le contrôle de nos expériences intérieures ? »

À cette époque, je n'avais pas compris que cette analyse, empruntée aux lieux communs des débats de société, aux articles populaires des journaux et des magazines, était risiblement insuffisante. Tout ce que j'avais à offrir aux lecteurs était l'appréhension d'un soixante-huitard confronté à l'effacement des contradictions du passé entre la gauche et la droite, ou entre le *spectacle* et la liberté personnelle. Parce que j'avais interpolé mes connaissances de l'histoire à l'analyse des conditions actuelles, je n'avais strictement rien compris à notre véritable avenir. Je n'avais pas remarqué qu'en ce moment même, sur Internet et dans les librairies, dans les

* Toutes les notes sont réunies, par chapitre, en fin de volume.

universités et les laboratoires, des débats sur des technologies beaucoup plus osées et flamboyantes, plus révolutionnaires que les prévisions marxistes les plus folles ou que les analyses debordiennes les plus prophétiques, étaient en train de transformer notre vision du futur. De plus, il est maintenant évident que ces changements que j'ignorais se développeront cent fois plus vite que les transformations majeures du siècle dernier et que, parallèlement, nous-mêmes changerons radicalement.

Je suis désormais convaincu que la révolution qui vient, la révolution technologique, est la plus irrésistible de toute l'histoire humaine. Les changements qui nous attendent, et qui se développeront à un rythme de plus en plus rapide, balayeront toute l'humanité, sans explication et sans préparation, l'entraînant vers une nouvelle réalité radicale qui ne modifiera pas seulement notre style de vie, nos moyens de communication, nos perceptions et nos émotions, mais aussi la nature même de notre monde, la structure de nos cerveaux et de nos corps et peut-être la certitude que nous sommes mortels.

Ces remarques sont, certes, audacieuses, « outrées et inspirées », à la manière d'un futuriste comme Marinetti[2] à l'aube du siècle dernier. Mais j'irai même plus loin : nous sommes déjà engagés sur le chemin qui mène à la fin de l'incarnation de notre espèce telle que nous la connaissons depuis toujours. Nous sommes sur le point de voir nos identités fixes fracassées comme par un marteau.

Si vous préférez refermer ce livre dès maintenant pour ne pas affronter cette perspective extrémiste, faites-le. Une partie des prédictions prospectives que j'élaborerai ci-après postule un vaste quart-monde de luddites[3] futurs, qui rejettera les nouvelles technologies ou ne pourra pas y accéder. Et, comme on le voit déjà aujourd'hui, ceux qui ne maîtrisent pas les progrès récents mais qui auparavant se considéraient comme des maîtres spirituels et intellectuels ont tendance à adopter une attitude méprisante et supérieure à l'égard du présent.

Je suis pour ma part un amateur de technologie un peu obsessionnel, et je gaspille plusieurs heures par semaine à jouer en réseaux, à monter des vidéos ou manipuler les commandes de mon i-Phone. Je me sens en général à l'avant-garde des consommateurs avides de technologie. Combien de fois par mois arrive-t-il qu'un de mes amis – par ailleurs intelligent – m'appelle à l'aide, désespéré, à cause d'un ordinateur planté, d'un lecteur de DVD qui ne fonctionne pas ou de la perte d'un fichier dont il a un besoin urgent ? Habituellement, ce genre de personne ne cherche pas le moins du monde à comprendre ni les principes de base ni les variables de son problème, seule façon pourtant de prévenir la répétition des mêmes erreurs. Trop habitué à un sentiment de maîtrise sociale et professionnelle, il met son appel à l'aide sur le même plan que le fait de demander à un jardinier d'arracher un rosier mort ou à la femme de ménage de repasser le col d'une chemise : ce sont des travaux beaucoup trop rebutants pour qu'il daigne les effectuer lui-même, et peu dignes de son domaine d'excellence. On ne se pose pas la question de savoir comment apprendre à surmonter la difficulté ; on cherche plutôt à la faire disparaître afin de pouvoir l'oublier. Mais aussi vrai que la nécessité d'enlever un rosier ou de repasser un col revient régulièrement, ces appels à l'aide se multiplient et s'aggravent parce que le problème fondamental subsiste, et ces appels deviennent de plus en plus fréquents et hystériques. Entre deux appels, bien sûr, j'observe un autre phénomène : ces mêmes amis expriment leur mépris pour mon intérêt vis-à-vis de la technologie. Moi, je n'ai jamais eu beaucoup d'estime pour les gens qui maltraitent leurs valets.

Mais je sais très bien que j'aurai ma vengeance. Quand la révolution technologique explosera, la vie pour eux ne se résumera plus qu'à une série d'appels sans réponse, et soit ils se dirigeront vers l'extinction, soit ils deviendront des espèces d'animaux d'élevage à notre merci, nous qui sommes initiés à la technologie. Désolé, mais je suis en train de parler d'un genre de révolution sociale et psychique que je ne pourrais pas arrêter même si je le voulais.

Ce n'est pas moi qui proclame tout cela (à ceci près que j'exagère, fidèle à mon style habituel de *drama queen* agressif), c'est, formulé avec moins d'outrance, le point de vue de savants et de chercheurs respectés, et également de romanciers et de philosophes qui les ont inspirés. Ces spécialistes ont baptisé notre futur proche, qu'ils envisagent comme un bouleversement soudain et inattendu, la Singularité. Ce mot n'a pas le sens usuel du mot français singularité (« l'état d'un objet ou phénomène qui est singulier ou unique »), mais fait référence à une notion mathématique : une singularité est un point où un objet mathématique établi cesse de se comporter comme il a été défini. Pour décrire cette notion, on pourrait envisager une sorte de valeur sans limite, comme, par exemple, une constante divisée par une valeur sans limite, qui tend vers zéro sans jamais l'atteindre, produisant des résultats qui « explosent » en valeurs de plus en plus grandes[4]. Le sens du mot singularité employé par ces nouveaux futuristes vient aussi de l'astronomie, une singularité étant un trou noir dans une étoile morte qui a théoriquement atteint une densité infinie[5]. Deleuze propose une idée très proche : pour lui, il s'agit de la spécificité d'un composant ou d'un assemblage particulier, en même temps que sa potentialité infinie[6].

Les écrivains Irving John Good[7] (en 1965) et Vernor Vinge[8] (en 1993) ont utilisé le terme de singularité pour décrire le progrès de l'évolution humaine jusqu'à un moment du futur où les avancées technologiques seront tellement rapides que l'esprit humain ne pourra plus les comprendre, ce qui lui fera perdre sa place dominante dans la hiérarchie des espèces. Selon cette théorie, ce moment ne dépend plus de nous et s'élance vers le futur comme une fusée autonome. Finalement, le savant américain Ray Kurzweil, auteur de *The Singularity Is Near*, prétend que ce moment provoquera l'avènement d'un « monde qui restera humain, mais qui dépassera nos racines biologiques[9] ».

La plupart de ces idées sont également défendues par des savants de premier plan, notamment Hans Marovec, chercheur et théoricien à l'Institut de robotique de l'université américaine Carnegie Mellon ; Marvin Minsky, professeur de sciences et de communication spécialisé dans l'analyse des médias au Massachusetts Institute of Technology (MIT) ; ou l'écrivain Eric Drexler, célèbre pour ses livres sur la nanotechnologie moléculaire et l'un des premiers intellectuels à populariser l'idée du transhumanisme, un champ de la philosophie fondé sur la théorie que l'espèce humaine s'apprête à changer de façon radicale.

Kurzweil, dont la pensée a inspiré ce livre, est davantage qu'un théoricien : c'est aussi un technicien, connu pour ses innovations et ses découvertes pratiques dans les domaines de la reconnaissance optique des caractères, des logiciels « text-to-speech », de l'intelligence artificielle et des claviers électroniques pour les instruments de musique. Ses livres, mélange assez bizarre de savoir scientifique très érudit, de futurisme, d'intelligence artificielle, de transhumanisme et de développements sur la théorie de la Singularité, lui ont valu une réputation très ambiguë dans le monde de la science et de la philosophie. Pour ma part, je me sens également assez ambivalent vis-à-vis de ses idées. Mais ma prudence n'empêche pas une certaine fascination, qui m'a poussé à m'aventurer dans ce labyrinthe de recherches complexes et en plein développement qu'on appelle maintenant « le phénomène de la Singularité ».

1. La Singularité

Dans une lettre à Milena Jesenskà, Franz Kafka a exprimé son horreur pour une technologie de son époque, qui aujourd'hui inspirerait plutôt la nostalgie : la poste. « La grande facilité d'écrire des lettres, a dit Kafka, doit avoir introduit dans le monde [...] un terrible désordre des âmes : c'est un commerce avec des fantômes, non seulement avec celui du destinataire, mais encore avec le sien propre ; [...] Les baisers écrits ne parviennent pas à destination, les fantômes les boivent en route. C'est grâce à cette copieuse nourriture qu'ils se multiplient si fabuleusement. [...] Les esprits ne mourront pas de faim, mais nous, nous périrons[1]. »

Si Kafka vivait aujourd'hui, sa position anti-technologique lui poserait un autre problème : le fait que le développement de la technologie est exponentiel. Le futuriste Ray Kurzweil décrit ainsi ce développement exponentiel : « Il commence presque imperceptiblement, puis il explose avec une fureur inattendue – inattendue si l'on n'a pas pris soin d'en accompagner la trajectoire...[2] »

Le développement exponentiel suppose que non seulement la croissance se poursuive, mais en plus qu'elle ne cesse de s'accélérer : le « taux de changement » obéit, en fait, à un « facteur doublant », c'est-à-dire qu'il s'agit d'une progression géométrique de raison 2. Même si Kurzweil nous avertit de prendre le soin « d'en accompagner la trajectoire », une telle surveillance ne sera plus possible quand la technologie deviendra plus intelligente que nous.

Selon Kurzweil, ses modèles « montrent que chaque décennie, nous multiplions par deux la révolution conceptuelle[3] ». Par « révolution conceptuelle », il entend un changement radical dans la méthodologie, comme ce fut le cas, par exemple, lors de la naissance des langues écrites pour la méthodologie de la communication.

Le vingtième siècle a continuellement accru son « taux de progrès », de sorte qu'à la fin du siècle nous avons accompli l'équivalent de cent ans de progrès en seulement vingt ans. Puis, entre 2000 et 2014, on aura accompli cent ans de progrès supplémentaires par rapport au rythme du siècle dernier. Puis la même avancée, équivalente à cent années de progrès dans le passé, demandera seulement sept ans. Si ce « taux de progrès » continue d'augmenter de la même manière exponentielle, on accomplira au vingt et unième siècle l'équivalent de vingt mille années de progrès (le progrès accompli au vingt et unième siècle vaudra vingt mille ans de progrès antérieur)[4].

L'exemple le plus connu de développement exponentiel dans le domaine de la technologie de l'information ne constitue pas un changement de paradigme : c'est la loi de Moore. Dans les années 1970, Gordon Moore[5] a déclaré qu'un circuit intégré contiendrait deux fois plus de transistors tous les deux ans. Ces circuits gagneraient aussi une plus grande capacité de vitesse, car leurs électrons seraient plus proches les uns des autres. Ce développement exponentiel est beaucoup plus rapide que le rythme de changements des paradigmes dans la culture. Et il permet l'amélioration constante des prix, des performances et des capacités de nos ordinateurs.

Aujourd'hui, ce taux de croissance implique que ces changements non paradigmatiques peuvent se produire en un an, et il implique aussi la réduction de la taille des semi-conducteurs de moitié toutes les 5,4 années. En conséquence, dans les semiconducteurs, le nombre d'éléments par millimètre carré double tous les 2,7 ans[6]. N'oubliez pas qu'on ne parle pas d'un changement radical de paradigme. Mais si nos paradigmes changeaient aussi vite – par exemple, si les machines atteignaient un niveau d'intelligence égal ou supérieur au nôtre –, le rythme du changement dans la taille, la rapidité et les capacités de nos machines deviendrait essentiel.

Pour Kurzweil, ce futurisme n'a rien d'une marotte : c'est le fondement même de sa *Weltanschauung* depuis sa jeunesse. Initié dès son plus jeune âge à la musique et aux arts plastiques par ses parents, puis au début des années 1960 à l'informatique par son oncle, il invente à l'âge de quinze ans son premier logiciel consacré à la reconnaissance des modèles et des structures dans les œuvres des compositeurs classiques[7], ce qui lui permet de synthétiser ses propres chansons dans des styles imitatifs. Ce mode de recherche et d'activité constituera le prototype de son travail à venir : l'assortiment et la mise en opposition de catégories de modèles, faisant appel aux facultés comparatives des deux hémisphères du cerveau. Kurzweil tient cette façon de comprendre le monde pour la principale différence entre les humains et les animaux ou les machines.

En 1974, il fonde la société Kurzweil Computer Products, qui développe le Kurzweil Reading Machine. Cet appareil, qui combine un scanner à plat et un synthétiseur text-to-speech (tous deux également inventés par sa société), lit des textes aux aveugles grâce à une voix artificielle. Le premier modèle, de la taille d'une table, est immédiatement acheté par un Stevie Wonder enthousiaste, qui convainc quelques années plus tard Kurzweil de créer une nouvelle génération de synthétiseurs électroniques capables de reproduire les sons des instruments réels. Les efforts de Kurzweil dans ce domaine se révélèrent tellement fructueux que la plupart des musiciens professionnels s'avérèrent incapables d'entendre la différence entre son synthétiseur et un piano ordinaire.

Ses expérimentations sur le mimétisme électronique ont évidemment fait entrevoir à Kurzweil un futur où les facultés humaines et les sensations naturelles pourraient être supplantées par des imitateurs non humains. Mais quand il deviendra complètement possible de fabriquer des sensations et des facultés évolutionnistes comme la parole, certains, moi y compris, seront les premiers à dire : « Avec vos phonèmes et votre reconnaissance de dessins, vous avez bien joué avec les aptitudes inférieures de l'être humain. Mais où seront les machines-artistes qui pourraient créer une symphonie de la valeur de celles de Beethoven sans en être une simple copie, ou un roman de Faulkner qui jouerait avec la langue tout en témoignant d'une grande sagesse vis-à-vis des affaires humaines ? »

Dans les années 1990, Kurzweil a essayé de répondre à cette critique en créant KurzweilCyberArt.com, un site qui permettait le téléchargement gratuit du logiciel AARON, un synthétiseur d'art plastique. Le site offrait aussi le « Kurzweil's Cybernetic Poet », qui écrivait de la poésie automatiquement. Ces deux « artistes » ont souffert le même destin que la plupart de leurs collègues humains : ils ont fait un flop et ne sont plus disponibles sur le Web.

Bon nombre de scientifiques et de théoriciens importants attaquent la notion de Singularité et qualifient ses promoteurs de savants ridicules qui jouent avec des boules de cristal, fabriquant pour l'avenir une sorte de Frankenstein d'idées factuelles empruntées à l'avant-garde du monde de la vraie technologie, mais frelatées à coups d'incantations divinatoires fumeuses.

Cependant, plusieurs experts reconnus dans le domaine de la technologie ont poussé les théories de Kurzweil plus loin et cherché à les articuler à des idées déjà acceptées, comme par exemple le principe de l'évolution. Avec Kurzweil, ils affirment que l'évolution actuelle des machines n'est qu'une simple continuation d'une branche de l'évolution *per se*. Si les êtres humains se transforment en une nouvelle espèce vouée à se fondre avec les machines, ce processus ne sera finalement que la dernière phase en date de leur évolution. En l'an 2000, Hans Moravec a totalement approuvé Kurzweil sur la nature exponentielle du progrès technologique, et a tenté d'inscrire ce progrès dans le cadre de l'évolution des machines. Le processus d'évolution technologique, qui emportera les êtres humains avec lui, ressemble à une version accélérée de la vieille évolution naturelle – à condition de substituer les bits aux neurones.

« Des animaux comme les vers, dotés de seulement quelques centaines de neurones, ont évolué vers le début de la période du Cambrien, il y a plus de 570 millions d'années. Tandis que les premiers ordinateurs électromécaniques, possédant quelques centaines de bits de mémoire capable d'être transmise par relais téléphoniques, ont été construits vers 1940. Les premiers vertébrés, des poissons très primitifs et au système nerveux probablement encore moins élaboré qu'une myxine de nos jours – 100 000 neurones, peut-être –, sont apparus il y a environ 470 millions d'années. Les ordinateurs ont acquis 100 000 bits de mémoire par polarisation rotatoire magnétique en 1955. Des amphibiens possédant peut-être quelques millions de neurones – l'équivalent d'une salamandre – ont rampé hors de l'eau il y a 370 millions d'années. Des ordinateurs possédant des millions de bits de mémoire dans un « noyau magnétique » (forme ancienne de disque dur) ont été disponibles à partir de 1965... De petits mammifères ont fait leur apparition il y a à peu près 220 millions d'années, dotés de cerveaux de plusieurs centaines de millions de neurones. Tandis que d'énormes dinosaures étaient dotés de cerveaux de plusieurs milliers de milliards de neurones... Nos petits ancêtres primates avaient déjà des cerveaux de plusieurs milliers de milliards de neurones... En 2000, des propriétaires ambitieux d'ordinateurs personnels ont muni leurs systèmes d'une dizaine de milliers de milliards de bits de RAM. Les êtres humains possèdent environ cent mille milliards de neurones. Cent mille milliards de bits de RAM seront la norme pour les ordinateurs dans moins de cinq ans... La capacité des grands ordinateurs s'est accrue chaque décennie à peu près dans les mêmes proportions que les systèmes nerveux chaque centaine de millions d'années...[8] »

Très bien, mais quand l'évolution, devenue désormais technologique, fera-t-elle en sorte qu'une machine, considérablement plus intelligente et plus avancée que nous, nous dépasse ?

En 2010, a déclaré Moravec en 2000, on verra des robots mobiles de la taille d'êtres humains mais doués de capacités cognitives proches de celles d'un lézard. Ces machines pourront exécuter des tâches simples, comme passer l'aspirateur, épousseter, livrer des paquets et sortir les ordures. « En 2040, je crois, nous aurons enfin atteint le but originel de la robotique et un jalon thématique essentiel de la science-fiction : nous aurons créé une machine capable de se déplacer en toute liberté et possédant les facultés intellectuelles d'un être humain[9]. »

En 2008, le centre de recherches Ames de la NASA[10] a abrité des conférences d'une nouvelle école : Singularity University[11], co-créée par Kurzweil, d'autres futuristes proches de lui et des astronomes connus. Les futuristes ont choisi de s'associer aux astronomes parce qu'ils sont convaincus que la Singularité produira une intelligence impersonnelle qui s'étendra au-delà de notre planète et embrassera en quelques décennies la totalité de l'univers. Des débats sur ce phénomène ont lieu partout aux États-Unis. Le site www.ted.com[12], très populaire auprès d'une nouvelle génération bourgeoise de créateurs, de lycéens et d'étudiants, propose aujourd'hui dix exposés sur la Singularité, enregistrés en vidéo. Aux États-Unis, un jeune bien éduqué, bon chic bon genre et « branché », s'intéresse à ces questions.

Kurzweil rejette tous les critiques en disant que la plupart des commentateurs, lorsqu'ils essayent de prédire l'avenir, extrapolent à partir du « taux de progrès » d'aujourd'hui, ce qui est exactement ce que j'ai fait moi-même dans mon texte « soixante-huitard » publié dans *GQ*. Selon Kurzweil, on oublie que ce taux est en train de suivre une croissance exponentielle. Mais je pense qu'en réalité on le devine intuitivement, dans la mesure où plus on vieillit, plus le temps semble « voler ». D'une part, évidemment, parce qu'on prend l'habitude de comparer des segments de sa vie à la totalité de l'existence qu'on a déjà vécue. Pour un enfant de dix ans, un an représente un interminable dixième de sa vie, mais pour un individu qui a quatre-vingts ans, ce n'est pas plus qu'un quatre-vingtième de l'existence, l'équivalent de quarante-six jours pour l'enfant. Un autre facteur explique également ce sentiment d'un temps qui « vole » : si l'on vit assez longtemps, on est témoin, à un moment ou à un autre, de cette « exponentiation » du progrès.

Pour donner un exemple de prédiction qui n'a pas pris en compte le phénomène de la croissance exponentielle, Kurzweil livre une anecdote : le pessimisme des scientifiques qui venaient de passer une année entière à transcrire dix pour cent d'un millième du génome. En extrapolant leurs calculs, ils avaient annoncé que cartographier le génome humain prendrait un siècle[13]. C'était oublier l'évolution de la puissance des ordinateurs. Finalement, cartographier le génome humain n'aura pris que quinze ans.

Kurzweil avance que, si l'on peut observer cette croissance exponentielle, cela veut dire qu'elle est visible, et donc qu'elle se trouve déjà dans sa phase explosive. « Au vingt et unième siècle, les taux de croissance de notre technologie – indéchiffrables pour nous-mêmes – seront tellement vertigineux qu'ils paraîtront verticaux[14]. » Cette transformation de la condition humaine arrivera si vite qu'elle aura l'apparence de quelque chose que nous aurons subi, et non pas de quelque chose que nous aurons créé ou produit. En un certain sens, cette impression est logique, parce que la croissance dont Kurzweil parle est la croissance d'une intelligence qui ne nous appartiendra pas totalement, ni même biologiquement. Sa liberté physique et psychique viendra de sa capacité à penser de façon autonome. C'est le développement d'une superintelligence artificielle qui, petit à petit, n'aura plus besoin du locus d'aucun individu ni d'aucune entité ressemblant à ce qu'on appelle à présent un « esprit ».

Kurzweil est convaincu qu'un des espaces où cette intelligence existera sera notre cerveau. Dans un monde de « nanos », il imagine l'implantation de millions d'ordinateurs intelligents dans le corps et dans le tissu du cerveau humain. En ce sens, cette superintelligence sera « en » nous, mais elle sera du genre de celle dont on peut – ou dont on doit – faire une sauvegarde numérique chaque soir avant de se coucher, afin d'éviter le risque de se retrouver dans un état de stupidité totale le lendemain matin.

Cette intelligence sauvegardée sera-t-elle aussi une conscience ? Si oui, au moment de notre mort, cette conscience sauvegardée sera-t-elle équivalente à nous-mêmes, à notre esprit et à notre « âme » ? Cela signifie-t-il que la préservation de cette conscience sauvegardée (si ses gardiens-machines sont assez méticuleux) sera équivalente à l'immortalité ?

Pour Marvin Minsky[15], autre partisan de Kurzweil, ces questions n'ont pas de sens. À l'affirmation qu'il est absolument impossible pour une machine d'avoir une conscience, il rétorque ingénieusement : pour lui, ce scepticisme ne s'explique que par le refus de faire face à la complexité du cerveau. Confrontés à toute opération que nous ne comprenons pas encore, nous nous exclamons : « Ah, mais ça, c'est la conscience ! » en expliquant qu'on ne peut pas l'analyser parce qu'on ne peut pas être conscient tout en étant conscient qu'on est conscient. Ou alors, nous répondons par des banalités : la conscience, c'est la connaissance de soi, la connaissance de notre position dans l'univers, etc. La conscience n'est jamais identifiée comme une opération mentale mais comme quelque chose d'invisible, voire comme l'âme !

Ce à quoi Minsky répond : « Cela mène à une conception des choses ironiques ; en général, nous sommes d'accord sur l'existence de "questions psychologiques profondes" concernant la subjectivité, la conscience, la signification, etc. Mais certains sont plus discrets sur des questions qu'ils considèrent plus simples : "Comment sait-on qu'il faut bouger le bras ? Comment reconnaît-on ce qu'on voit ? Pourquoi la couleur rouge apparaît-elle si différente de la couleur verte ?"[16] »

Pour Minsky, on dit « conscience » pour éviter d'avoir à décrire le cerveau en détail, avec ses milliers de gènes. Même une opération mentale apparemment très simple est en réalité incroyablement complexe, et si nous la connaissons entièrement, c'est parce que la science vient de découvrir comment nos cerveaux fonctionnent réellement et peut même reproduire ses diverses opérations au cours d'expériences parfaitement rigoureuses.

Mais si l'on cherche vraiment à comprendre la signification de la conscience, Minsky suggère ceci : « Peut-être l'aspect le plus important du fonctionnement des êtres humains est la façon dont nous nous demandons (pas nécessairement avec des mots) quels problèmes nous avons auparavant rencontrés, qui ressemblent à ceux que nous rencontrons actuellement, et comment nous les avons réglés… Et de remarquer que, dans cette démarche, nous employons en quelque sorte notre capacité à recouvrer et à manipuler des descriptions d'une partie de nos activités mentales précédentes. Vous voyez à quel point cela renvoie à la conscience de soi[17]. »

Cependant, la nouvelle intelligence existera également à l'extérieur de nous. La question serait, dans ce cas, de savoir si cette intelligence externe aura conscience de sa séparation, de son individualité, même si elle est la copie conforme d'un cerveau particulier. Évidemment, elle aura carte blanche pour se concevoir et se comporter comme elle le veut (si la volonté continue d'exister), parce que cette intelligence dépassera les aptitudes humaines et ne sera même pas comprise par les humains ; mais elle aura aussi, au moins au début, une structure et, peut-être, des valeurs (si elle a besoin de telles qualités) dérivées directement de l'esprit humain.

2. Vers un éden mécanique

Depuis l'apparition des premiers outils primitifs, les innovations techniques réalisées pour des raisons pratiques nous ont changés subtilement. Comme je l'ai indiqué, l'influence est réciproque, mais à nos yeux, elle n'est apparemment pas fondamentale dans le sens où elle serait susceptible d'apporter des changements en nous ou dans notre espèce. Telle est la barrière principale qui nous empêche de concevoir une machine dotée d'une intelligence propre.

Jusqu'à maintenant, on n'a expliqué cette double influence que de manière assez banale : par exemple, on sait que l'invention de l'imprimerie ou de la voiture a entraîné la prolifération des connaissances dans la population ou modifié sa distribution, a généré des avancées industrielles, de nouvelles économies et d'autres processus socio-économiques tangibles. C'est seulement après la Seconde Guerre mondiale que certains penseurs comme McLuhan[1] ou Derrida[2] ont commencé à parler de la transformation des choses par leur médium technologique. Ils ont démontré que le support (langage écrit ou électronique, image de synthèse, etc.) de nos messages déterminait d'une certaine manière leur signification : au moment où nous insérons nos pensées dans ces formes, elles sont transformées par les formes en question.

Cependant, même aujourd'hui, la plupart des gens remarquent une continuité historique dans l'identité de l'homme au fil de la succession des inventions. Ils croient en une âme humaine qui serait toujours identique et stable, surtout aux yeux de Dieu. Ils vivent dans un monde où l'homme est resté le maître absolu de ses productions. Et pour nous, l'évolution des espèces est également hypothétique, envisagée seulement par la raison et non à travers le filtre de notre expérience quotidienne, parce que c'est un processus trop progressif pour que nous puissions le remarquer.

Nous avons fondé notre croyance en l'immuabilité et la durabilité de l'âme humaine sur une réalité : le fait que les machines créées jusqu'à présent ne peuvent pas reproduire ou simuler complètement l'expérience des choses vivantes. Encore une fois : elles ne sont pas « conscientes ». Leurs « cerveaux » sont moins complexes que les cerveaux des animaux et que les nôtres ; elles sont incapables de nous influencer, nettement inférieures à nous, et existent uniquement pour nous servir.

Cependant, nous abordons maintenant une ère où nous n'aurons pas besoin de comprendre ou de croire en les abstractions d'un Deleuze, d'un McLuhan ou d'un Derrida, ou même d'être d'accord avec les arguments de Minsky, pour prendre conscience que quelque chose qui avait toujours été défini comme immuable est sur le point de se dissoudre, et que notre pouvoir, qui n'a jamais été total, sera mis à nu très bientôt. Pour la première fois, nous serons témoins d'une véritable expérience de l'évolution – nous y reviendrons plus loin. Je ne parle pas seulement de la certitude que l'évolution existe : je veux dire que nous allons pouvoir observer de nos propres yeux une version accélérée de ce processus. Et ce processus va se dérouler exactement selon la structure en rhizome décrite par Deleuze[3] : des lignes de fuite conduisant vers un système qui bifurque *ad infinitum*, devenant de plus en plus complexe et énorme, de plus en plus précis.

Au moment d'entrer dans ce labyrinthe, nous sommes saisis d'une nouvelle anxiété, semblable à celle qu'éprouvent les metteurs en scène ou les romanciers : nous sommes à l'instant où les phénomènes de nos cerveaux s'apprêtent à atteindre une forme concrète et externe, mais que nous ne reconnaîtrons pas. Quand les machines que nous aurons élaborées seront montées toutes seules sur la scène de l'Histoire, cela signifiera qu'elles pourront cogiter sans nous, et mieux que nous ; alors elles assembleront et multiplieront inéluctablement les fonctions de leur intelligence. Peut-être cesseront-elles d'être nous. Et parce que certaines machines seront à l'intérieur de nos corps, peut-être cesserons-nous d'être nous-mêmes.

La prise de conscience de ce grand changement et de toutes ces questions, et la volonté de les accepter, font partie de la doctrine du transhumanisme. Ce mot a été utilisé pour la première fois par Julian Huxley[4], qui décrit en 1957 un phénomène dans lequel « l'homme reste l'homme mais se transcende, par la réalisation de possibilités nouvelles de sa nature humaine[5] ». Depuis cette période, le transhumanisme a connu une expansion rapide pour devenir un mouvement international qui soutient la science et la technologie, ainsi que tous les moyens de réaliser cette transformation. Il cherche à découvrir les moyens de mettre fin à la fatalité des maladies, de la souffrance, de la vieillesse et de la mort involontaire. Rassemblées depuis les années 1980 derrière le sigle « H+ » (représentant l'amélioration de l'espèce humaine), les voix de ce mouvement sont aujourd'hui très variées, mais sont souvent dominées par les technologistes – et notamment les technologistes proches de la théorie de la Singularité. Par ailleurs, certains voient dans le transhumanisme une exhortation à arrêter d'accorder un statut spécial à l'espèce humaine pour ne plus la percevoir que comme une simple espèce animale, sujette aux mêmes lois de l'évolution et de la nature que les autres formes de vie. D'autres encore, comme Kurzweil, voient dans le transhumanisme l'épanouissement du « posthumain » technologique, aux capacités et potentiel considérablement accrus.

Aux États-Unis, certains savants transhumanistes (dont Kurzweil) s'efforcent d'augmenter la longévité de leur corps grâce à des techniques améliorées de nutrition et d'exercices, dans le but de devenir des « cybers supérieurs » et peut-être même d'entrer dans le cercle des immortels quand l'opportunité se présentera. En fait, la question de la mort attire savants et philosophes vers les idées les plus inattendues ; ces derniers vont jusqu'à prendre des dispositions pour faire préserver leur cerveau après leur mort par des techniques de cryogénie, quitte à prévoir la congélation de leur cerveau et même le téléchargement de « cartes » de leurs tissus pour les reconstruire numériquement plus tard. Ces adeptes-là du transhumanisme sont critiqués parce qu'ils verraient le destin de l'homme sous un jour qui rappelle trop l'humanisme du siècle des Lumières. Mais les voix les plus bruyantes de ce mouvement sont proches de Kurzweil et envisagent notre avenir posthumain.

Il est déjà évident que les machines que nous utilisons chaque jour ne sont pas seulement plus rapides ou plus puissantes que nous sur le plan de la force physique, mais qu'elles peuvent aussi effectuer plusieurs opérations de calculs simultanément, bien plus vite et avec beaucoup plus de mémoire que nous. Il est tout aussi manifeste qu'elles manquent encore de quelques facultés « intellectuelles » majeures. Les circuits du cerveau humain demeurent mal connus, un continent non encore complètement cartographié. Nous sommes capables d'utiliser les deux hémisphères de notre cerveau afin de créer des modèles et des structures qui n'ont aucune signification pour les animaux et les machines. Nous pouvons émettre des jugements fondés non seulement sur des faits mais sur des considérations abstraites, éthiques, mémorielles. Pour ces raisons, nous avons été capables d'organiser le processus de décryptage du génome humain, mais nous aurions été incapables de le mener à bien sans la vitesse de traitement des données des machines. Aujourd'hui, tels des suicidaires, nous sommes en train de reconstituer le cerveau dans sa totalité afin de pouvoir livrer un modèle de cette connaissance secrète aux machines. Cela sera notre dernière réussite, car elle signifiera notre extinction.

Les secrets de facultés jusqu'ici définies comme exclusivement humaines sont en train de passer à des non-humains ; mais parce que les non-humains qui bénéficieront de ces connaissances ont été créés par nous afin de nous servir, ils devraient – espérons-le – entrer en une symbiose salutaire avec nos cerveaux. Cette symbiose sera conçue de façon cohérente ; et la création de cette nouvelle unité signalera la fin de toutes les particularités. Les individus seront supplantés par des machines, et puis les machines individuelles seront supplantées par une unité, une machine énorme dotée d'une intelligence qui englobera tout. La question essentielle est celle de la forme de cette unité, et de ce qui restera encore de nous après son avènement – après l'avènement de la Singularité. On aimerait avoir l'assurance que cette « unité » n'annihilera pas tout ce qui suggère l'humanité en nous, et que nos cerveaux ne seront pas relégués au statut de phénomène historique, comme les petits cerveaux des dinosaures.

En tout cas, Kurzweil est convaincu que ce moment explosif où la technologie sera tellement performante qu'elle supplantera nos capacités cérébrales verra « la vie humaine irréversiblement transformée[6] ». Mais il ne pense pas vraiment à l'homme quand il parle ainsi, en fait il suggère l'apparition d'une nouvelle espèce. L'avènement de la Singularité ne signifierait donc pas seulement un bouleversement radical des identités biologiques et mentales des êtres humains : ce bouleversement se présentera comme une disjonction, un choc traumatique vers un futur que nous sommes pour l'instant incapables de comprendre.

Kurzweil fait continuellement référence à cet instant de transformation comme à quelque chose d'« explosif » et souligne le contraste entre celui-ci et le vieux modèle de progrès, qui apparaît linéaire (mais qui en réalité ne l'était pas). Il semblait linéaire, explique Kurzweil, parce que c'était une étape relativement précoce de la croissance exponentielle. La courbe de changements était encore trop plate et trop molle pour être bien discernable.

Je comprends tout à fait le caractère bouleversant de ce changement. Ce que je ne comprends pas du tout, c'est notre rapport à la cause du phénomène. Tous les théoriciens de la Singularité parlent d'inéluctabilité ; personne ne parle de *volonté*. Certes, la volonté ne fait pas partie d'une explosion ; une explosion est chimique. Mais qui va faire sauter le fusible, qui va servir de détonateur ?

Cet aspect de la Singularité est absolument déterminant, et l'absence de toute volonté dans le phénomène est flagrante. Pour les adeptes de la Singularité, le futur est purement évolutionniste. Exactement comme les dinosaures n'avaient pas l'intention d'évoluer jusqu'au moment de leur extinction, nous sommes condamnés à ou élus pour continuer nos recherches scientifiques et technologiques, et suivre la courbe qui nous mènera à la Singularité et à la fin de notre espèce telle qu'elle existe actuellement. Des experts souriants nous informent que nous sommes voués à développer notre intelligence sans nous poser de limites. Même quand on admet l'évidence des dangers potentiels de la nanotechnologie et de l'ingénierie biologique, ces experts insistent sur le fait que le « progrès » ne peut pas être arrêté et que les tentatives pour l'arrêter, auxquelles se livrent les luddites, ne mèneront qu'à des dangers encore pires parce qu'elles retarderont l'élaboration de technologies protectrices.

Cette compulsion pour le progrès est-elle inscrite dans nos chromosomes ? Pas de vieux scénario hollywoodien ici ; pas d'histoire de savant fou (souvent communiste dans les films américains des années 1950) qui met son nez dans les affaires de Dieu, touche aux secrets de l'existence, reçoit une leçon d'humilité pour l'humanité et cesse de jouer au demi-dieu. Nos savants sont contraints, en vertu de la nécessité évolutionniste, de nous mettre sur la voie de l'extinction. Dans le scénario de la Singularité, nous sommes des objets poussés par une force historique invisible mais irrésistible, et cette idée de l'histoire qui se confond complètement avec le destin me paraît tout à fait démodée.

De plus, si tout ce que nous faisons est au service de l'évolution, en d'autres termes si nous n'avons jamais le choix, pourquoi, par exemple, n'avons-nous pas déjà exterminé notre espèce à l'aide de la technologie de la bombe atomique ou de quelque autre innovation négative susceptible de détruire totalement la vie ?

Apparemment, dans les esprits de penseurs tels que Kurzweil, l'évolution est un plan non seulement déjà écrit et prévisible, mais aussi un roman sentimental un peu banal. Chaque étape de notre existence fait partie d'un voyage linéaire, non seulement vers le remplacement de notre cerveau par une intelligence plus sophistiquée qui changera le monde, mais aussi, inexorablement, vers un univers où l'intelligence régnera suprêmement et où tout changera pour le mieux. C'est presque miltonien. Quant à moi, depuis longtemps, je crois que la trame de l'histoire est un scénario artificiel, construit par les intérêts des hommes et les forces puissantes qui structurent nos perceptions. Je crois aussi que les leçons de relativité culturelle que l'anthropologie nous donne ont fourni la preuve que le concept de « progrès » est arbitré par la culture. Au fond, les mêmes savants et intellectuels qui faisaient l'apologie de la pureté des dernières tribus primitives et de leur proximité avec la nature sont maintenant les plus avides d'en finir avec les gens « inférieurs » qui ne sont pas prêts pour la Singularité.

J'ai plusieurs problèmes avec les théoriciens de la Singularité. Selon l'interprétation que Kurzweil fait de la Singularité, lorsque la séparation entre l'homme et la machine disparaîtra, les anciens êtres humains se transformeront en « êtres » considérablement plus intelligents. Cependant, chaque fois que les singularistes[7] discutent de l'intelligence en général, ils semblent presque toujours se référer à des capacités d'ordre quantitatif : nous serons plusieurs milliers de fois plus rapides qu'aujourd'hui, on fera des problèmes de multiplication à vingt chiffres sans papier et sans stylo, on gardera mille pages de données en tête en les assimilant au moment même où elles sont formulées.

On parle aussi, quoique avec moins d'assurance, de la capacité humaine à reconnaître des modèles, des dessins et des motifs, et de l'aptitude à les comparer. Mais ils emploient rarement le mot « sagesse ». Bien sûr, cette sagesse est en partie médiatisée par les compréhensions culturelles, par l'équilibre subtil des émotions, par l'amour, par le respect, la pitié, la compassion et peut-être même la juste vengeance. Est-ce qu'on peut enseigner à un ordinateur l'amour ou la juste vengeance ? Sur l'amour, Kurzweil dit : « Les machines peuvent combiner leurs ressources, leurs intelligences et leurs souvenirs. Deux machines – ou un million – peuvent se combiner pour devenir une unité, puis se séparer à nouveau. Les machines multiples peuvent faire les deux à la fois : elles peuvent s'unir et se séparer simultanément. Les êtres humains appellent ça l'amour[8]. » Pour lui, la règle d'or est, sans doute, un principe mathématique.

L'ambiguïté de la personnalité de Kurzweil dans le monde scientifique découle du fait que ses prophéties ont été de valeur inégale. Quelques-unes se sont révélées incroyablement perspicaces, et nous sommes en train d'en subir les effets actuellement ; d'autres ont été suffisamment bancales pour lui valoir le mépris de ses critiques. Dans son premier livre, *The Age of Intelligent Machines*[9], écrit entre 1986 et 1989, il prédit la fin de l'Union soviétique, précipitée par l'émergence de nouvelles technologies telles que le téléphone mobile et le fax, qui ont fait vaciller le pouvoir absolu des gouvernements autoritaires en permettant des fuites de l'information. Dans cet ouvrage, Kurzweil a aussi prédit la défaite face à une machine d'un joueur d'échecs humain, en 1998, ce qui est arrivé dès mai 1997, quand Garry Kasparov a été vaincu par l'ordinateur Deep Blue d'IBM. Kurzweil a aussi insisté dès les années 1990 sur le développement de l'Internet et du Web, et sur la mondialisation de l'information qu'il a provoquée. Il a prédit que l'utilisation des portables serait presque universelle et qu'ils se miniaturiseraient à une vitesse étonnante. Tout cela est en train de se produire sous nos yeux.

Cependant, ces succès l'ont conduit à trop s'avancer et, dans son deuxième livre, *The Age of Spiritual Machines*[10], il a livré un tableau de prédictions pour chacune des années 2009, 2019, 2029 et 2099. Ses prédictions erronées pour 2009 ont réjoui les critiques, qui observaient que les « flash drives » à circuits intégrés dont il ne cessait de parler étaient en réalité encore trop chers et trop peu nombreux pour remplacer les disques durs de nos ordinateurs. De même, le remplacement des puces 2-D par les 3-D, dont il assurait qu'il surviendrait en 2009, n'en est qu'à ses balbutiements. En revanche, la croissance des réseaux sans fil, l'importance de l'Internet pour le partage de fichiers et leur utilisation dans les médias pour distribuer film et musique se déroulent presque exactement comme il l'avait prédit.

Pourquoi toutes ces observations tatillonnes au sujet des prédictions et des dates ? Parce que Kurzweil se montre assez imprudent pour assigner des dates, ou au moins des décennies exactes, aux futurs développements technologiques. Dans son livre *The Singularity Is Near : When Humans Transcend Biology,* qui est à proprement parler une mise à jour de ses deux précédents livres, il nous conduit aussi, décennie par décennie, de 2010 à 2045, année de la Singularité absolue. Dans ses autres ouvrages, il propose un catalogue des changements technologiques nécessaires pour nous mener jusque-là[11].

En 2019, une machine simulant un individu aura la capacité de réagir face à de véritables êtres humains sur les plans visuel, auditif et tactile. On aura le privilège d'être complètement entouré par une réalité virtuelle identique au vrai monde. Les ordinateurs seront si minuscules qu'ils seront presque invisibles, et ils seront implantés partout : dans les murs, les chaises, les vêtements, les corps[12]. La plupart de nos communications avec eux se feront par gestes et par le langage – finis les claviers. Des systèmes de conduite automatique seront intégrés à la plupart des voies publiques. Les gens seront habitués aux relations avec les machines, notamment pour des taches ayant trait à l'enseignement ou au gardiennage, mais également sur le plan amoureux.

Au cours de la décennie 2020, un ordinateur sera capable de passer le test de Turing, un moyen de déterminer si l'on peut mesurer la différence entre une machine et un être humain (si l'on n'y parvient pas, la machine en question est considérée comme dotée de l'intelligence humaine). Puis, en 2029, les transmissions à large bande seront effectuées directement par des greffes implantées dans le cerveau. Les machines auront commencé à apprendre de façon autonome, sans l'aide d'êtres humains. Les ordinateurs auront lu toute la littérature créée par les humains et par les machines. Pour la majorité des communications, ils n'auront pas besoin des humains ; les conversations passeront entre un humain et une machine ou entre deux machines. Chaque décennie-étape nous rapproche de cette explosion inévitable, quand « le corps humain 3.0 », qui n'aura pas de forme matérielle fixée et pourra changer d'apparence grâce à la nanotechnologie, sera dépassé par l'intelligence artificielle totale, la forme de vie la plus évoluée sur la Terre.

Normalement, l'esprit humain est capable de traiter des données par l'intermédiaire de signaux courant à une vitesse de 100 mètres par seconde, mais les signaux des nouvelles machines déplaceront l'information à 300 millions de mètres par seconde. Cette prouesse sera associée au remplacement des commutateurs électrochimiques par les nanotubes, des cylindres de carbone minuscules cinq cents fois plus petits que les circuits en silicone d'aujourd'hui[13]. Nous, les humains, pouvons entrer dans le sillage de cette accélération, mais seulement si nous abandonnons notre intelligence biologique et si nous la remplaçons par la nouvelle intelligence artificielle. Et nos machines seront dessinées de telle sorte qu'elles pourront partager leurs informations avec d'autres machines similaires, beaucoup plus rapidement que nous, les humains, ne sommes capables de communiquer les uns avec les autres par le langage, l'écriture, la poste, l'e-mail, etc.

Finalement, avec le temps, les machines (qui déjà fonctionneront, communiqueront, voyageront et travailleront sans nous) gagneront la capacité et la liberté d'améliorer elles-mêmes leur propre configuration[14], avec beaucoup plus de rapidité et de souplesse que nous, les humains, ne serons capables de changer nos structures génétiques grâce à la biotechnologie. Les machines dépasseront la limite du cerveau humain de cent mille milliards de messages par seconde sur les réseaux interneuronaux[15]. Grâce à elles, nous nous mettrons à copier nos organes et les systèmes biologiques de notre corps à l'aide de substances synthétiques, et non plus de protéines. Le changement le plus important concernera le cerveau humain, lorsque les neurones produits par la nanotechnologie seront insérés dans le tissu nerveux et fonctionneront de conserve avec les neurones biologiques. Petit à petit, ces neurones synthétiques deviendront notre outil primaire de pensée, parce qu'ils auront un potentiel mille fois supérieur aux tissus biologiques. D'une façon générale, il faudra alors des matériaux plus fiables que les carbones pour progresser. Et c'est là que les êtres humains devront faire face à un dilemme : devront-ils s'enfoncer dans une infériorité de plus en plus profonde afin de conserver leur nature humaine et biologique, ou choisiront-ils finalement de rejeter leur chair et leur mortalité et d'adopter un état qui leur accorde davantage de coordination, de vitesse, de longévité et d'intelligence ?

Que nous choisissions de nous transformer ou non, notre environnement se dirigera lui-même vers un état de plus en plus souple avant d'être ultimement transformé par la superintelligence. On découvrira le secret de la composition de la matière. Des nanobots[16], à la taille mesurée en microns, imiteront les globules rouges du sang[17] ainsi que les cellules des autres organes, se substitueront aux tissus malades et nettoieront la plaque des valves cardiaques pour nous assurer une existence de plus en plus longue.

Tout cela ne sera toutefois que temporaire, parce qu'à l'avenir nous n'aurons plus besoin d'organes biologiques pour exister. De même que les machines actuelles et futures n'ont besoin ni de chair ni de sang, mais seulement d'une structure jouant le rôle de squelette, nous serons des appareils mécaniques, qui permettront le mouvement en cas de besoin, animés par quelque forme électronique d'énergie. Puis, même le mouvement deviendra une fonction obsolète : dans un monde de réalité virtuelle, on pourra vivre toutes les expériences par procuration – j'y reviendrai.

En fait, la transformation du monde extérieur à l'aide de la nanotechnologie bouleversera notre univers bien davantage que le phénomène des robots-molécules insérés dans nos corps. Autour de nous, un autre type de nanobots nous fabriquera de la « réalité », en planant dans l'atmosphère tels des hélicoptères presque microscopiques. On appelle ces nanobots des *foglets*[18] (du mot anglais *fog*, qui veut dire brouillard), et ces machines sauront créer la forme, l'apparence et peut-être la substance de tous les objets que nos perceptions signalent à présent comme « matériels ».

Les foglets (ou plutôt, on fait souvent référence à la notion d'essaim de foglets) créeront les éléments de notre réalité physique. Mais l'utilisation de foglets pour fabriquer les choses matérielles ne se limite pas à la simple construction d'un objet permanent bâti atome par atome. Chacun de ces minuscules foglets sera un peu plus gros qu'une cellule humaine, avec douze bras qui se projetteront dans toutes les directions. Ils ressembleront à des robots microscopiques. Lorsqu'il faudra former un objet, chacun des douze bras de chaque foglet saisira les bras les plus proches d'un autre foglet.

Comme l'explique J. Storrs Hall, le créateur de ce concept (qui n'est encore qu'à l'état de concept en dépit du fait qu'en 1997 la société américaine Zyvex a commencé à construire des modèles de cet appareil) : « Avec un plein seau de robots de ce type dont les bras entreraient en contact, on peut créer un "robot-cristal" de structure réticulaire. Maintenant, imaginez une pièce peuplée de gens, de meubles, d'objets, mais qui est encore relativement vide. Remplissez la pièce de robots... [Et] la substance que forment ces robots s'appelle "Utility Fog" ["brume utile"]... Quand un certain nombre de ces particules de "brume utile" saisiront les mains de leurs voisins, ils formeront une masse reconfigurable de "matière intelligente."[19] » Cela signifie que ces foglets pourront êtres programmés de façon à créer la structure d'un objet pour une durée déterminée. Par la suite, ces mêmes foglets pourront se dissoudre et former un autre objet. Ils seront polymorphes.

Mais quelle est la recette qui rend ces petits amis – leur taille ne dépasse pas un millionième de mètre – si efficaces ? Chacun est composé d'un nano-ordinateur, microscopique mais complet, associé à des éléments mécaniques, comme des moteurs et des embrayages. Ils auront aussi le pouvoir de se reproduire, et nous aurons les moyens de les programmer.

Très bien, me voici donc dans une pièce « polluée » par ces machines infernales, l'air toujours plein de particules en train de voltiger comme un essaim d'insectes : dois-je dormir entouré d'un pan de mousseline en guise de moustiquaire ?

Valerie Browning, une étudiante en technologie du Santa Rosa Junior College, en Californie, a déjà répondu[20] : nos foglets n'ont pas besoin d'occuper plus de 2 % à 3 % de l'espace ; tout le reste est composé d'air et de lumière. Au pire, les essaims de ces « créatures » apparaîtront comme des brumes légères à distance, mais, de près, elles seront invisibles. Et quand ils nous toucheront la peau, il n'y aura pas de sensation – sauf si évidemment ils sont organisés en formations beaucoup plus serrées afin de créer de la matière.

Que se passe-t-il quand on les respire ? Parce qu'apparemment il sera impossible de ne pas les respirer. Ce problème n'inquiète aucunement Hall, leur inventeur. Les foglets n'ayant pas besoin de beaucoup d'espace, il y aura beaucoup d'oxygène autour d'eux, suffisamment pour nous.

Mais ne sont-ils tout de même pas polluants ? Je n'ai aucune envie d'avoir les poumons percés par leurs petits bras pointus ! Hall imagine le contraire. Ces foglets sont de si bons citoyens qu'ils s'évertueront à nettoyer nos poumons à la brosse, enlevant la fumée de tabac (bien sûr) et autres polluants, et peut-être d'autres foglets formeront-ils des zones protégées autour de nous, purifiant constamment notre air par le ronronnement de leurs bras mignons.

Nos amis les foglets pourront créer une pièce remplie de meubles élégants, mais au moment où la mode changera, ces objets disparaîtront et de nouveaux meubles plus branchés prendront leur place. Ainsi que Jim Wilson, dans le magazine *Popular Mechanics*, l'a conjecturé : « Un brouillard amical s'installera peut-être au-dessus de la planète… Il déposera un toit sur la tête des sans-abri, des vêtements sur les dos nus et de la nourriture dans les ventres vides. Il aura le pouvoir de transformer le village le plus perdu en jardin d'Éden…[21] »

D'accord, allez donc raconter tout ça à un de mes nombreux amis antitechnologiques, et il vous répondra : « Je voudrais voir tes foglets quand ils auront épuisé leurs batteries. J'espère que tu n'auras pas posé ton cocktail à ce moment-là sur une élégante table basse formée par ces mini-monstres, ou que tu n'auras pas mis un smoking de foglets, chéri, ou pire, un slip ! » Hall a également envisagé ce problème. Il a l'intention d'équiper chacun de ses foglets d'un mécanisme de sûreté. Quand le courant sera coupé, ou lorsque les piles seront épuisées, ils retireront leurs petits bras, formant une tempête de poussière dense, et descendront à terre pour se transformer en lit d'argile. Pauvre femme de ménage !

Finalement, l'intérieur de nos corps étant contrôlé par notre ingénierie technologique, et notre monde extérieur reconstruit par les mêmes stratagèmes, la réalité – en d'autres termes, l'expérience de la vie telle que nous la concevons – deviendra de plus en plus malléable. Mais la réalité virtuelle dilatera nos consciences encore davantage. Parce qu'il sera possible de créer n'importe quelle réalité à partir d'illusions sensorielles, nous deviendrons les créateurs des mondes personnels que nous habiterons. Nos émotions seront remaniées afin de nous permettre de mieux nous adapter à notre environnement. Nos fantasmes – être le meilleur amant du monde, changer de sexe ou de couleur – remplaceront peu à peu le monde matériel qui nous est imposé depuis le jour où nous avons été virés du jardin d'Éden. Le règne de la réalité virtuelle commencera d'abord par des illusions, mais imaginez qu'ensuite toute matière sera rendue « flexible » par la manipulation des atomes qui la composent. Par conséquent, nos expériences ne seront plus seulement illusoires, elles seront simplement prédéterminées – par nous et par nos amies les machines. Le jardin d'Éden sera défriché pour la deuxième fois quand notre intelligence, qui sera identique à celle d'une machine, commencera à saturer la matière et l'énergie qui nous entourent. Notre conscience croîtra avec de plus en plus de force jusqu'à engloutir la Terre, et puis l'univers entier.

Cette histoire ressemble à une parabole un peu postiche, vous ne trouvez pas ? Je ne le conteste pas. Mais considérez ce fait : telles les bibles placées dans chaque chambre de tous les hôtels américains, les livres énonçant ces nouvelles prophéties se trouvent dans presque chaque laboratoire technologique d'Amérique, et ils sont lus et discutés par des savants et des chercheurs très instruits, qui sont en train d'élaborer les nouvelles technologies avec ces idées en tête. Je n'ai aucune idée de l'endroit où se trouvent les « croyants » correspondants en France, mais je parierais qu'il en existe chez vous aussi.

Qu'en est-il aujourd'hui de ce tour sur des montagnes russes ? Pour nous situer, pour régler le passé et pour prédire l'avenir, Kurzweil propose un tableau chronologique découpé en six périodes[22]. Ses analyses étant flamboyantes, il vaut la peine de regarder comment il a organisé l'histoire du monde pour éclairer sa philosophie. Pour lui, le changement, la croissance et les natures des choses sont des fonctions de l'information, les codes qui ont déterminé le développement de notre planète depuis le début. Il appelle ce début théorique de notre univers « l'âge de la physique et de la chimie », ou période 1, et il situe le code qui détermine les événements à venir dans les particules subatomiques. À cette étape, les objets les plus compliqués ne sont pas plus grands que les molécules.

Dans la période 2, « l'âge de la biologie et de l'ADN », apparaissent les premiers signes de vie sur la planète, des organismes qui peuvent croître et se nourrir. Ils ne peuvent modifier ni leur forme, ni leur nature, ni leur processus de croissance, et sont condamnés à survivre en répétant les mêmes actions simples. Cependant, malgré la simplicité de leur constitution, ils possèdent aussi l'information génétique qui deviendra le modèle des formes de vie plus complexes.

Ces organismes plus complexes apparaîtraient dans la période 3, « l'âge des cerveaux ». Il s'agit de contrôler des organismes plus élaborés, ce qui conduit au développement des organes, dont le cerveau. Le cerveau est capable de changer son comportement et de s'adapter aux conditions de son environnement, ainsi que de tirer parti d'informations acquises à travers les expériences passées. Les circuits neuronaux du cerveau gardent le modèle de sa forme d'évolution.

Dans la période 4, « l'âge de la technologie », cette évolution des cerveaux produit l'espèce humaine, qui va créer la technologie. Ces créations technologiques se mettront, elles aussi, à accumuler des informations pour continuer à évoluer, dans la nature de leur hardware et dans le dessin de leur software. Il en résulte le passage à la période 5, « l'âge du fusionnement de la technologie humaine et de l'intelligence humaine ». Nous sommes actuellement au seuil de cette révolution. La technologie est en train d'effectuer le raffinage de la biologie. Le mariage des deux mènera aux formes de vie plus avancées.

Arrivés à la période 6, bon nombre de chercheurs, de savants et de philosophes plus circonspects que Kurzweil se détachent de son raisonnement. En effet, c'est là qu'il rend compte de la civilisation humaine technologisée, en train d'élargir ses frontières infiniment vers l'espace de l'univers[23].

À ce moment-là, vers 2040, l'avenir du développement de la technologie sera entre les mains des machines, qui cogiteront et communiqueront trop vite pour que nous les humains puissions les comprendre. Seuls les cyborgs postbiologiques qui auront sacrifié leur organisme pour devenir aussi performants que les nouvelles machines pourront travailler avec ces « créatures » supérieures, et ces deux espèces deviendront les nouveaux maîtres du monde. Ce sera « l'explosion technologique », qui surpassera non seulement nos prédictions, mais aussi notre compréhension et toute forme de futur que nous pourrions concevoir. Un nombre suffisant d'êtres humains ayant consenti à devenir cybernétiques, l'espèce humaine ne sera pas vraiment éteinte, mais transformée.

Cinq ans plus tard, à peu près en 2045, la limite de la miniaturisation de l'ordinateur sera atteinte.

Pour devenir plus puissantes, ces machines devront à nouveau grandir. Que se passera-t-il alors ? Aucune inquiétude à avoir. Nos machines s'empareront de plus en plus de matière pour le substrat computationnel jusqu'au moment où la Terre tout entière deviendra un énorme ordinateur (hormis quelques réserves naturelles pour les pauvres âmes luddites tels ces amis qui me téléphonent inlassablement, des gens qui refuseront toujours de renoncer à leur nature biologique). En tout cas, à part pour ces bestiaux dans leurs réserves, nous n'aurons plus besoin de vêtements, de nourriture ou autres commodités : les machines ne peuvent pas avoir faim et elles n'ont pas de pudeur, même en ce qui concerne leurs organes de reproduction. Elles seront purement mentales, immunisées contre les maladies – qui sont identiques aux virus des hackers. La conscience artificielle pourra exister pour toujours, théoriquement ; la mort sera un choix, et « ôter la bonde », une action si controversée dans les hôpitaux d'aujourd'hui, ne sera pas plus redouté que « débrancher l'ordinateur ».

Le moment sera venu d'irradier notre intelligence vers le ciel et l'espace, et de transformer l'univers entier en un seul ordinateur infini, suprêmement intelligent, façonné à l'origine sur notre modèle. Les machines que nous avons créées nous auront changés, jusqu'au point où nous nous transformerons en elles.

3. Les antisingularistes

Outré ou non, le monde kurzweilien tire profit, au moins aux États-Unis, de disciples dans les médias, à l'université, dans la littérature et les laboratoires, qui jugent ces théories fascinantes. Kurzweil a remporté une impressionnante série de distinctions : la médaille nationale de la technologie, quinze doctorats honoraires, il a été choisi comme conseiller spécialiste de la technologie par les militaires et comme spécialiste de la nanotechnologie par le Congrès des États-Unis. Quatre de ses livres sont devenus des best-sellers. Mais ça ne veut pas dire que tous les médias l'adorent.

En 2009, dans le magazine grand public *Newsweek*, le journaliste Daniel Lyons a étrillé Kurzweil sur un ton très satirique. Son article commence ainsi : « Ray Kurzweil attend impatiemment l'opportunité de devenir un cyborg, un esprit humain dans une machine éternelle. Mais faut-il y voir le prochain bond décisif dans l'évolution de l'être humain, ou seulement la crise de la cinquantaine d'un seul homme qui aurait pris des proportions excessives ?[1] » Puis Lyons observe : « Un moment, vers le milieu de notre conversation dans son bureau de Wellesley, Massachusetts, j'ai eu l'impression que la transformation de Kurzweil avait déjà commencé. Parce qu'il parle sur un ton monocorde, plat et robotique. Peut-être est-ce parce qu'il donne dix fois le même *spiel*[2] depuis des années. »

Pour se montrer encore plus méchant envers Kurzweil, il énumère quelques-unes de ses prévisions qui ne se sont pas révélées correctes. « En 1998, en plein boom des dotcom, Kurzweil a prédit que l'économie continuerait sur cette lancée jusqu'en 2009 (et même 2019), et qu'une compagnie américaine (il n'a pas précisé laquelle) atteindrait une capitalisation boursière de plus de mille milliards de dollars. On en est loin. Kurzweil a aussi prédit que l'année 2009 verrait la création d'un super-ordinateur capable de réaliser 20 quatrillions d'opérations par seconde (20 petaflops dans le jargon des ordinateurs), ce qui en aurait fait l'égal du cerveau humain. En fait, le plus puissant super-ordinateur vient seulement de dépasser un petaflop – bien que Kurzweil dise qu'il considère Google pris dans son ensemble comme un super-ordinateur géant. Kurzweil a aussi prédit qu'à cette date, nos voitures seraient capables de se conduire de façon autonome en communiquant avec des détecteurs intelligents installés sur la voie publique, et que partout les machines reconnaîtraient les commandes vocales. Ces deux choses ne se sont pas produites, mais Kurzweil estime que ça ne va plus tarder. »

Pour finir, ce vilain journaliste conclut : « Ce qui est magnifique avec la profession de futuriste, c'est bien sûr qu'on ne peut pas vraiment être contredit. On peut continuer à prédire et rester bien confortablement ancré dans ses certitudes, car personne ne fera un voyage dans le temps pour prouver à tout le monde que vous avez tort. »

En définitive, et c'est très important, un nombre significatif de chercheurs, d'écrivains, de professeurs et même de technologistes méprisent l'approche de Kurzweil. L'un des plus irrévérencieux est le biologiste P. Z. Meyers[3], connu pour ses attaques caustiques contre l'Église catholique, les créationnistes[4] et les sectes intégristes aux États-Unis. Il met les prophéties de Kurzweil sur le même plan que les superstitions et les fantasmes religieux. Il l'accuse de présélectionner ses données lorsqu'il étudie la chronologie de l'évolution. Et il fait part de ses doutes concernant les effets des transformations technologiques sur l'espèce humaine.

« On a déjà connu une singularité, remarque Meyers sur son blog Pharyngula, la combinaison de l'agriculture, de l'urbanisation, et du fait de savoir lire et écrire s'est traduite par de profonds changements pour notre espèce, qui ne s'est pas pour autant transformée… Sans doute les changements évolutionnistes les plus radicaux se sont produits dans nos systèmes immunitaires pendant la période où nous étions en train de nous adapter aux nouveaux régimes alimentaires et à de nouvelles pathologies, mais les êtres humains sont toujours restés des êtres humains. Aujourd'hui, nous pouvons encore trouver des cultures qui mènent une vie néolithique alors que d'autres en sont à l'ère de l'information ; et les deux peuvent toujours communiquer et même se reproduire ensemble. Peut-être l'avènement de l'ère de l'information aura-t-il un effet aussi décisif sur l'humanité que l'invention de l'écriture, mais il ne faut quand même pas s'attendre à voir se réaliser ces délires d'informaticiens[5]. »

Il y a quelque chose de curieusement littéraire dans la façon de présenter les singularistes, ce qui ne signifie pas que les écrivains sont tous emballés par leurs perspectives. Dans une conférence à San Francisco, le célèbre romancier de science-fiction et journaliste spécialiste de la technologie Bruce Sterling a prononcé un discours intitulé *The Singularity : Your Future as a Black Hole* (« La Singularité : votre futur comme un trou noir astronomique »)[6], dans lequel il a livré une métaphore de la Singularité à son début dans les années 1950 à l'aide d'une déclaration de John von Neumann[7] sur les dangers de la technologie. Puis Sterling a expliqué de quelle manière le sens du mot a été précisé au début des années 1980 par l'écrivain Vernor Vinge, pour en venir à désigner une intelligence qui surpasserait l'esprit humain. Sterling a audacieusement comparé cette idée à la bulle des « dot-com », en estimant que tous deux manquaient d'un « business model ». Pour lui, la Singularité n'est qu'une tempête au goût de science-fiction autour d'un mot magique : l'intelligence. Les singularistes se reposent sur les lignes lisses de leurs graphiques sans s'intéresser à l'activisme social ni mouiller leur chemise ; ils se contentent d'attendre le moment de devenir « super-humains ».

Le célèbre Douglas Hofstadter[8] a lancé des attaques dédaigneuses très acides contre Kurzweil, même s'il est vrai qu'il a peut-être été provoqué par les exagérations de son interlocuteur. Interrogé sur le sujet par le critique littéraire Tal Cohen en 2008[9], qui lui demandait : « Êtes-vous d'accord avec Kurzweil, qui pense que le hardware sera capable de reproduire un software avec une âme humaine dans un futur proche ? Est-ce que ce sera l'équivalent de l'immortalité – et est-ce que des logiciels fonctionnant dans un cerveau électronique, ce sera l'équivalent de l'immortalité ? » Hofstadter a répondu : « Je pense que Ray Kurzweil est terrifié par sa propre mortalité et qu'il veut à tout prix conjurer la mort. Je comprends son obsession, et je suis même impressionné par sa terrible intensité, mais en même temps, sa vision est déformée. Ses espoirs désespérés déforment sérieusement son objectivité. »

Hofstadter se dit déprimé par le déterminisme de la vision de Kurzweil. Mais il attaque aussi le concept de compréhension dans ses idées. « Un élément essentiel de sa vision globale, dit-il, est que personne n'aura besoin de *comprendre* le cerveau pour copier, avec une exactitude parfaite, tous les circuits cérébraux de n'importe quel être humain, parce que des milliers de milliards de "nanobots"… cartographieront en détail tous ces circuits… afin de permettre que l'esprit de cet individu soit réimplanté dans un médium électronique… Non sans ironie, cette vision esquive totalement la nécessité d'une science cognitive ou d'une intelligence artificielle, parce qu'on a seulement besoin d'un plan de circuits détaillé… » L'idée que l'intelligence humaine puisse être réduite à un plan de circuits rend Hofstadter malade. « Pour moi, ce nouveau monde "glorieux" signale la fin de l'humanité telle que nous la connaissons. Si une telle vision s'impose, c'est le début de la fin de l'être humain. Encore une fois, je ne veux pas être là… [10] »

Le point de vue de Hofstadter est évidemment très perspicace, mais en même temps, on pourrait l'accuser de sentimentalité vis-à-vis du passé et d'un humanisme classique vis-à-vis de l'avenir. Il ne veut pas renoncer au modèle classique de l'intelligence humaine parce que son rôle de grand penseur cognitif s'en trouverait démodé, et il ne peut pas imaginer une conscience supérieure à celle de l'être humain (ou, peut-être, à la sienne). Pour moi aussi, les prévisions de Kurzweil impliquent beaucoup trop de présuppositions. Mais faut-il vraiment que l'espèce humaine reste éternellement la seule espèce qui ne puisse ni être transformée ni s'éteindre ? Cette attitude aussi peut être considérée comme « pieuse » ou « théologique », n'est-ce pas ? Hofstadter ne veut pas « être là… ». Mais si les prévisions de Kurzweil sont correctes, nous ne serons pas « là » non plus, au sens de notre identité actuelle.

À mon avis, la critique la plus intéressante et la plus approfondie de Kurzweil et de la Singularité a été formulée par Jaron Lanier dans le journal numérique de la Edge Foundation, Inc. [11], connue auparavant sous le nom de The Reality Club. Pour comprendre d'où proviennent les opinions si pénétrantes de Lanier, dont je vais maintenant parler, il faut d'abord étudier comment se définit la Edge Foundation [12].

Établie en 1988, la Edge Foundation a pour objectif principal de créer une « troisième culture » d'intellectuels qui seraient revenus du vieux clivage entre deux partis traditionnellement opposés : les savants et les écrivains humanistes. Depuis les années 1930, ce sont les écrivains, façonnés par Freud, Marx et le modernisme, qui ont attiré l'attention des médias et sont devenus pour le grand public les porte-parole des nouvelles idées. Simultanément, les savants comme Albert Einstein, Niels Bohr ou Edwin Hubble changeaient profondément notre société, mais tout en restant davantage exclus du discours populaire des « intellectuels » parce que, d'une façon générale, leur langage et leurs livres étaient trop difficiles pour le grand public.

Deux ou trois décennies plus tard, la culture des savants et celle des écrivains continuaient à s'ignorer, mais les premiers, devenus beaucoup plus sensibles aux médias et à l'argent, ont trouvé le moyen de populariser leurs idées. Et ils ont détrôné, du moins aux États-Unis, les vieux écrivains marxistes et freudiens pour se faire les nouveaux interprètes « best-selling » de notre société.

Le champ des idées intellectuelles s'est également modifié. Après la chute du communisme, la fin de la religion et le remplacement du discours psychanalytique par des explications biologiques, tous les débats sur les idéologies économiques, le destin de nos âmes ou les variables psychologiques – autrefois domaine des écrivains – sont devenus purement scientifiques. Pour la majorité du grand public, seule la science semble décrire les changements rapides dont nous sommes témoins. Il n'est pas rare, aujourd'hui, de voir quelqu'un, en vacances à la plage, en train de lire attentivement un livre sur la théorie du chaos, les réseaux de neurones ou l'hypothèse Gaia. Et parce que l'ancien panthéon des idées admissibles s'est brisé, toutes sortes d'experts, quelques-uns sans lettres de créance traditionnelles, sont devenus les interprètes les plus importants de notre monde nouveau.

À la Edge Foundation, ces nouveaux « intellectuels » se sont trouvé un nom : la Troisième Culture. Et ces gens parlent sans arrêt d'un sous-groupe de leur communauté, les Digerati[13], ou cyber-élite, chiens de garde de la révolution de la communication. Les vieilles hiérarchies du monde des idées n'existant plus, la Troisième Culture s'est donné pour mission de « purifier » le domaine cybernétique et d'en extirper les voix fausses. C'est dans cette perspective qu'un de leurs membres, Jaron Lanier, a attaqué Kurzweil et les autres singularistes.

Le personnage de Lanier[14] correspond bien au nouveau monde pluridisciplinaire des chercheurs en technologie. C'est un pionnier de la réalité virtuelle qui habite à New York, mais aussi un musicien professionnel. En fait, il est incroyablement éclectique, bon écrivain, inventeur inspiré, autodidacte dans bien des sens du terme et actuellement l'un des plus grands analystes de l'Internet et de la société numérique. Sa rare originalité vient du fait qu'il n'envisage pas seulement la technologie sur le plan des progrès dans la création de logiciels de plus en plus rapides et complexes, mais qu'il s'intéresse aussi à ce que le contenu que ces logiciels nous apporte et à leurs effets sur les esprits et les âmes des êtres humains. Les critiques de Lanier sont un peu moins sentimentales que celles d'un penseur plus âgé comme Hofstadter, et il attaque certains éléments qui sont déjà des données de notre existence.

Pour donner un exemple des outrances délétères de notre technologie d'aujourd'hui, Lanier cite Google, qu'il identifie comme un faux messie qui nous a promis de filtrer et d'ordonner la vaste masse des informations s'accumulant sur le Web. Mais les méthodes de ce logiciel monstrueux sont tellement grossières que nous avons été forcés d'adapter notre intelligence à un mode de pensée qui est inférieur aux capacités du raisonnement humain. En conséquence de quoi nous sommes en train de devenir plus stupides[15].

Lanier est catégoriquement opposé à l'idée que la collectivité est plus capable que l'individu, et à son avis, aucun processus qui exigerait de la créativité et de l'imagination ne sera jamais porté par le groupe (je me demande si c'est la raison pour laquelle la conglomération qu'on appelle Hollywood produit aujourd'hui des films de plus en plus dégueulasses).

En fait, bien que Lanier fasse partie de la Troisième Culture, c'est plutôt un intellectuel traditionnel, un « auteur » convaincu que les connaissances les plus élevées ne peuvent être élaborées à travers des collaborations. Il donne l'impression d'être nostalgique des génies individuels du passé, et en ce sens il ressemble un peu à Hofstadter.

Mais Lanier est aussi un artiste, ce qui le rend radicalement différent de la plupart des technologistes. Il s'intéresse davantage à la qualité de l'expérience d'un logiciel qu'au supplément d'information qu'il apporte ou qu'à sa vitesse de traitement, et garde la même attitude vis-à-vis de ses inventions. C'est lui qu'on associe le plus souvent au concept de réalité virtuelle et à sa popularisation. En l'an 2000, lui et ses collègues ont démontré pour la première fois le phénomène de « télé-immersion » par lequel des gens situés dans des endroits différents peuvent se voir mutuellement en trois dimensions[16]. Il s'agit bien là d'une expérience sensorielle. En revanche, l'idée que notre intelligence complète pourrait être répliquée sous la forme d'une intelligence artificielle l'agace, mais au fond pas davantage que la notion selon laquelle l'espèce humaine serait un jour supplantée par des ordinateurs plus intelligents.

Toujours humaniste, Lanier est l'auteur du livre *You Are Not a Gadget*[17], un recueil d'articles présenté comme un manifeste qui prend pour cible la Toile 2.0. La première Toile, 1.0, l'originelle, a été une succession de pages statiques d'information sur Internet, comme les pages d'un livre, créées par une personne ou un petit groupe de gens afin de proposer renseignements et divertissements graphiques. En dehors de la pornographie, le commerce n'était pas très présent sur la Toile 1.0. Mais la Toile 2.0, qui domine maintenant Internet, présente des sites interactifs, et ce sont ces interactions collectives qui produisent les renseignements ou les divertissements qu'on y trouve. Lanier cite en exemple Wikipedia, une encyclopédie en constante évolution écrite par ses lecteurs dans un contexte de collaboration ouverte. Pour cette raison, d'après Lanier, les idées qui y fourmillent ne sont ni profondes ni perspicaces. Avec ces technologies, estime-t-il, on a créé une « mentalité de ruche[18] ».

De plus, quand l'objectif de la collaboration ouverte devient social, comme chez Facebook ou MySpace, la personnalité humaine est réduite à une liste de goûts pour la musique, les livres ou les films, épicée par des photos utilisées comme un élément « d'éloquence » ; le tout formant la construction symbolique d'une identité appauvrie. Je suis totalement d'accord avec cette analyse. Sur ces pages, les gens s'arrêtent un instant pour des petits breaks qu'ils appellent « l'amitié », et en même temps essayent de promouvoir leurs éléments de valeur (corps, visages, services, travail artistique). En définitive, quand il est question de partager de vraies idées et une vraie conversation, la loi de la populace et l'hystérie collective rejettent l'originalité à grands cris.

Vers la fin du siècle dernier, pense Lanier, l'information est devenue plus importante que les individus ; leurs idées, leurs expressions idiomatiques et leurs sentiments ont été réduits à des données déshumanisées. De plus, la classe moyenne s'est transformée en population active, des ouvriers travaillant gratuitement pour les puissantes sociétés d'Internet, propriétaires des logiciels de la Toile 2.0 ; et ces dernières (Google, Facebook, Myspace, Twitter, Flickr, Amazon) s'enrichissent grâce à notre travail non payé. Voilà pourquoi Lanier appelle l'Internet d'aujourd'hui « le maoïsme numérique[19] ».

Dans un entretien sur Amazon.com, Lanier a attaqué le développement de l'information automatique et illimitée qui annonce l'arrivée de la singularité[20] : « Au départ, il s'agissait de dire : "L'information veut être libre." Mais le problème est que ces penseurs anthropomorphisent l'information. L'information ne mérite pas cet état de liberté. C'est un outil abstrait ; un fantasme utile, un rien. L'information n'existe pas à moins qu'un individu ne se confronte à elle et ne l'utilise. Ces dix dernières années, on a donné à l'information plus de droits qu'on en a donné aux êtres humains. Si vous vous exprimez sur Internet, ce que vous dites sera copié, brassé, rendu anonyme, analysé, et transformé en briques pour construire la forteresse de votre voisin, et pour soutenir une stratégie de publicité… »

Plus que tout, c'est la nature évangélisatrice des adeptes de la Singularité qui suscite la crainte de Lanier. Selon lui, n'importe quel laboratoire en informatique exhibe avec fierté sur ses étagères les livres qui promeuvent ces croyances. « Un culte bizarre, estime-t-il, qui a envahi le monde de la technologie, et altère notre culture en général[21]. »

Mais qu'est-ce que les singularistes représentent exactement, que Lanier déplore ? C'est la définition de l'intelligence humaine comme une chose presque purement quantitative, le fait d'insister sur la capacité et la puissance des machines plutôt que sur les contenus. Dans son essai *One Half a Manifesto*[22], Lanier développe très clairement ses idées anti-kurzweiliennes : « Il est possible que la psychologie évolutionniste, l'intelligence artificielle, la loi de Moore brandie en fétiche, etc., deviendront de plus en plus populaires, telles les idées de Freud et de Marx à leur époque… Dans ce cas, l'idéologie des intellectuels cybernétiques et totalitaires sera renforcée de cette idée nouvelle, susceptible de faire souffrir des millions d'individus. »

Lanier compare le credo cybernétique et le marxisme parce qu'il reconnaît la même doctrine de la prédestination dans les deux idéologies. Puis il attaque les six croyances des singularistes (qu'il rebaptise « les totalitaristes cybernétiques[23] ») : (1) les modèles cybernétiques sont l'outil ultime de compréhension de la réalité ; (2) les humains ne sont plus que des modèles cybernétiques ; (3) l'expérience subjective est une illusion, ou, à défaut, elle est purement accessoire et sans importance ; (4) les idées de Darwin sont la meilleure et la seule explication de toute culture et de toute créativité ; (5) la nature qualitative, et pas seulement quantitative, des systèmes d'information sera accélérée par la loi de Moore (qui dit que la puissance informatique se multiplie par deux à peu près tous les dix-huit mois) ; et (6) la biologie et la physique fusionneront, ce qui déclenchera un phénomène par lequel les ordinateurs engloutiront tout, y compris les êtres humains, et changeront notre existence dans son ensemble.

Pour attaquer ces croyances, Lanier propose des analyses logiques qui ne sont pas seulement subtiles, mais aussi très amusantes par leur irrévérence. Ses arguments sont trop compliqués pour que je les développe ici, mais je citerai quelques-uns des plus piquants.

En attaquant la première croyance (les modèles cybernétiques seraient la compréhension ultime de la réalité), Lanier parle du sentiment de pouvoir divin qu'on peut ressentir quand, par exemple, on invente pour la première fois un logiciel capable de produire des images graphiques, et qu'on se rend compte en même temps que, par conséquent, le même tableau de bits pourrait être arrangé selon des configurations infinies permettant de produire une infinité d'images possibles. Mais il remarque aussi que tous les vrais ordinateurs produits jusqu'à maintenant n'en sont pas capables, et qu'ils demeurent même très imparfaits : ils tombent en panne, ils ne représentent absolument pas les systèmes purs qu'on se plaît à imaginer. De plus (comme Hofstadter l'a remarqué), le fait qu'il soit possible de créer un modèle ne signifie pas que nous ayons une compréhension complète de la chose modelée. Et il n'est pas possible de mesurer et d'évaluer n'importe quel objet, ou même le modèle de cet objet, sans référence à ses contextes culturels.

Pour la deuxième croyance, Lanier réinterprète le test de Turing, par lequel on peut prétendument déterminer de façon incontestable si un ordinateur est aussi intelligent qu'un être humain. Lanier le juge peu pertinent : pour lui, nous abaissons notre intelligence afin de travailler avec des logiciels simplificateurs, et par conséquent, nous « élevons » l'intelligence de nos ordinateurs. Quand un ordinateur réussit le test de Turing, c'est peut-être parce que nous sommes devenus plus bêtes, non parce que l'ordinateur est devenu plus intelligent. Et nous sommes devenus plus bêtes parce que nous nous sommes adaptés à des logiciels simplificateurs. Et si nous acceptons cela, c'est parce que la doctrine de la Singularité nous promet que les logiciels deviendront de plus en plus intelligents et se passeront de notre aide.

Pour donner un exemple de ce phénomène, Lanier cite la crise économique actuelle, qui, d'après lui, a été causée en partie par notre confiance dans les logiciels financiers, comme en ceux qui déterminent notre indice de solvabilité. Nous avons façonné nos vies comme si ces logiciels grossiers étaient nos arbitres supérieurs. Ce qui est bien devenu le cas, parce que nous les avons suivis au point d'être entraînés dans une crise économique causée par notre croyance en eux.

Concernant la croyance numéro 3, qui postule la non-existence ou la non-importance de l'expérience subjective, Lanier affirme que l'expérience n'est en rien amoindrie par l'illusion, que l'illusion elle-même est une expérience et que l'expérience est quelque chose qui ne peut être que vécu. En examinant une proposition complémentaire des Singularistes, l'affirmation que les ordinateurs seront des êtres doués de sensation, il ajoute : « La quête qui consiste à essayer de prouver rationnellement que les ordinateurs (ou l'Internet) sont doués de sensation est la version moderne de la tentative de faire la preuve de l'existence de Dieu… En outre, il est évident qu'une version cybernétique et parfaitement ennuyeuse de la philosophie de Kant pour le vingt et unième siècle se manifestera, pour présenter "la preuve" de la futilité d'un tel projet. Moi, en tout cas, je n'ai pas la patience de jouer ce rôle[24]. » Finalement, il ose demander publiquement si la position de ses adversaires, qui nient sans arrêt l'existence de la subjectivité, viendrait du fait que, bizarrement, ils ne possèdent pas de vie intérieure, et il ajoute qu'au fond, la seule chose que l'on puisse prouver, c'est que certains philosophes en manquent totalement.

En attaquant la croyance numéro 4, qui fait trop darwinienne, Lanier demande ironiquement : « Comment les systèmes cybernétiques seront-ils assez intelligents et innovants pour inventer un monde post-humain ? Pour en arriver là, une sorte de *deus ex machina* doit être invoqué, et il a une barbe[25]. » Il suggère ainsi ironiquement que les singularistes sont des créationnistes, dans le sens spécifiquement américain désignant des cultes chrétiens intégristes qui croient à la vérité, mot à mot, de la Bible, et qui essayent de supprimer toutes les idées de Darwin.

La croyance numéro 5 force Lanier à se demander comment imaginer un ordinateur qui serait un million de fois plus rapide que l'ordinateur sur lequel il écrit son texte. Il nous rappelle que, d'après les singularistes, ce phénomène se produira dans trente ans seulement. Il y a une grande différence entre cette prédiction et la réalité de la « grande honte » de la science informatique, qui crée des logiciels de plus en plus surgonflés, de plus en plus lents et de plus en plus imparfaits, chaque fois que les ordinateurs deviennent plus rapides et plus puissants !

C'est la sixième croyance, bien sûr, celle qui annonce la dernière étape, qui agace le plus Lanier. Il remarque que ce sont les technologistes, qu'il nomme des « cyber-armageddonistes[26] », et pas les chercheurs en sciences naturelles, qui se complaisent dans ce fantasme d'un cataclysme déclenché par des milliards de nanobots qui couvriraient et satureraient notre monde de leur intelligence supérieure. Lanier imagine la période qui précéderait cet événement, aux alentours de 2020, quand nos ordinateurs seront non seulement (prétendument) plus rapides que nos esprits, mais insérés dans des robots mobiles tous reliés les uns aux autres (comme les foglets) sur la Toile.

Pour Lanier, ce scénario annonce un cabinet des horreurs, comme le signale d'ailleurs le brillant Bill Joy[27], co-fondateur de Sun Microsystems. L'article antitechnologique de Joy pour le magazine *Wired*,

« Why the Future Doesn't Need Us »[28], a été comparé à la lettre d'Albert Einstein à Franklin D. Roosevelt, l'avertissant en 1939 de la possibilité du développement de la bombe atomique par les nazis. Mais Joy a moins d'arrière-pensées politiques lorsqu'il déclare : « Nos technologies du vingt et unième siècle – la robotique, l'ingénierie génétique et la nanotechnologie – font peser sur les humains une menace d'extinction. »

Joy, qui est souvent accusé de néo-luddisme par les technologistes, voit l'avenir comme un choix entre deux alternatives : une course aux armements entre les forces de la nanotechnologie malfaisantes et les puissances nanotechnologiques qui sont là pour nous défendre ; ou la cessation totale des activités de la robotique, de la nanotechnologie et de la génétique. Il est horrifié par la froide indifférence avec laquelle les autres savants qui comprennent ces technologies discutent de leurs dangers. À son avis, si on continue sur le même chemin, un des devoirs de notre « bonne » technologie sera de nous protéger en permanence contre le « Grey Goo ».

J'avoue volontiers que j'adore la définition que mon dictionnaire anglais-français donne du mot anglais « goo » (un terme qui fait déjà un peu bande dessinée) : « la matière visqueuse ; ou la sentimentalité à l'eau de rose », parce qu'il y a aussi cet élément fleur bleue dans les histoires plutôt utopiques des singularistes qui, me semble-t-il, voient parfois la vie « avec des lunettes roses ». En fait, le « Grey Goo » n'est pas du tout « rose », et heureusement relève encore de la science-fiction. Il s'agit néanmoins d'un concept fondé sur des théories assez sérieuses empruntées au mathématicien John von Neumann, qui concernent la possibilité de créer des machines capables de produire des copies exactes de nous-mêmes, que l'on appelle aussi pour cette raison les *von Neumann machines*.

Le scénario de Grey Goo serait lié à un dysfonctionnement de nos amis les foglets, que j'ai décrits plus haut. Tout à coup, à la suite d'une catastrophe concoctée par un méchant humain ou une méchante machine, ou simplement à la suite d'un accident (précipité par nos logiciels de « grande honte »), des milliards de nanobots cessent de fonctionner et s'entassent par terre pour former une masse indifférenciée, sans structure. Comme ces blessés sont capables de se reproduire, la couche de colle s'épaissit, provoquant un phénomène baptisé d'un terme nouveau : l'écophagie, littéralement : « qui dévore l'environnement ».

À mon avis, par précaution, nous devrons doter nos nanobots de saveur, et même en faire de la nourriture, ce qui nous permettrait de les manger pour nous en libérer. Quand on se fait mordre, il faut répliquer. Certes, leur véritable vocation n'est pas de nous manger mais de nous étouffer de leurs prouesses, ce qui est plus gluant que du beurre de cacahuète ou du *schmalz*. Et pourquoi « gris » ? Ces savants théorisants ne sont-ils pas capables d'imaginer les choses en couleur ? Pourquoi pas « goo rose » ?

Lanier a imaginé d'autres calamités du même genre : le jour où les supermachines se débarrasseront de l'humanité avec autant de nonchalance que les hommes déboisent une forêt pour construire des pavillons de banlieue ; ou même avant la victoire complète des machines, quand des humains malfaisants manipuleront les machines et l'ADN pour nous nuire, aussi vite et aussi simplement que l'on manipule le logiciel Javascript.[29]

Pour Lanier, la Terreur ultime est peut-être la plus familière : la connaissance biologique emprisonnée dans des sociétés biotechniques et des laboratoires atomisés ne travaillant pas ensemble, isolés les uns des autres, sans moyen de combiner leurs connaissances. Le seul avantage à cela, c'est que, du fait de la piètre qualité de nos logiciels, le rêve socialiste de l'emploi universel sera enfin réalisé – toutes les populations du monde travailleront pour permettre le fonctionnement d'un mauvais software, avec ses blocages et ses ralentissements, ses plantages et ses crashs… On aura une planète de bureaux d'assistance et de renseignements pour utilisateurs frustrés en permanence, exactement comme aujourd'hui, où les travailleurs seront aussi frustrés que les gens qu'ils aident.

Lanier considère que cet état de chose annoncera l'avènement d'une situation encore pire : des fortunes acquises trop vite dans le monde de la cybernétique, des fortunes qui continueront de s'accumuler, tandis que beaucoup d'autres individus, qui ne s'étaient pas trouvés au bon endroit au bon moment, s'appauvriront de plus en plus. (Kurzweil n'est pas de cet avis. Selon lui, les prix de la technologie auront baissé à un point tel que tout le monde pourra s'acheter tous les outils technologiques, lesquels produiront pour eux tout ce dont ils auront besoin.)

Pourquoi me suis-je tellement étendu sur les implications négatives de la théorie de la Singularité ? Répondre à une telle question n'est pas facile, et ce n'était pas mon intention quand j'ai commencé à écrire ce livre. D'une certaine façon, je suis un « cultiste déprogrammé ». Quand j'ai décidé de me pencher sur ce sujet, j'étais complètement séduit par la théorie de la Singularité. Elle touchait à ou satisfaisait plusieurs de mes fantasmes, de mes objectifs et de mes conflits intérieurs.

Primo, et superficiellement, la Singularité est une réponse assez écrasante à tous mes amis qui, à mon avis, exploitent mes talents pour la technologie et l'informatique en même temps qu'ils les méprisent. Deuxièmement, depuis l'âge de douze ans, quand j'ai découvert Ravel (un compositeur physiquement si petit qu'il vivait dans une maison bâtie à sa taille, et qui était fasciné par les miniatures), j'adore les énergies très puissantes et très complexes insérées dans des contenants incroyablement petits. Mais n'est-ce pas le cas de tout le monde ? Ceci n'est pas seulement dû à mon concept un peu zen du vrai pouvoir ; je vois aussi cela comme un exemple d'esthétisme très raffiné et le comble de l'impératif primaire d'un artiste : l'économie.

Finalement, même si les Singularistes sont peu convaincus de l'existence de la subjectivité, je rêve d'une manière narcissique au jour où je pourrai manifester à l'extérieur les désirs et les volontés de ma vie intérieure – et cela non dans un but pratique (la richesse, le pouvoir politique, etc.). Ce serait plutôt gênant d'expliquer pourquoi en détail, mais je peux vous révéler que mes amis ont formé un groupe temporaire d'intervention pour m'empêcher d'acheter comme compagnon non seulement un petit robot très intelligent à la carapace peinte à la main, qui s'appelle Nuvo[30] et qui coûte à peu près 4 000 dollars, mais d'acquérir un « boyfriend » moins intelligent (Nuvo est mignon, mais n'est pas vraiment adapté à mon anatomie) pour le prix de 5 499 dollars sur www.realdoll.com, le site d'une société qui fabrique des « poupées » en silicone de taille humaine (dotées de tous les détails anatomiques, je le signale en rougissant) et au squelette d'acier. Et je trouve exaltante la possibilité d'entrer *dans* l'histoire d'un roman ou d'un film, sur le même plan de réalité que les personnages à trois dimensions qui offrent l'illusion d'être faits de chair et d'os.

Cependant, tandis que j'écrivais le premier chapitre, qui essaie de tirer au clair les principes majeurs des singularistes, j'ai trouvé de plus en plus d'informations qui m'ont convaincu que la plupart des singularistes ne s'intéressent pas beaucoup au concept de « l'imagination ». Quand ils parlent de « créativité », ils le font seulement dans le contexte des nouvelles innovations technologiques. Peu d'entre eux parlent du rôle des arts au fil des époques précédant la Singularité ; je suppose que c'est parce que la frontière entre ce que nous pourrons imaginer et ce qui existera sera franchie et dépassée.

Mais dépassée pour créer quoi ? Des créations de l'imagination encore plus osées, plus idéales et exaltantes ? Ou pour nous convaincre que les rêves n'ont pas beaucoup de place dans le nouvel ordre, ou encore qu'ils existent déjà, et que, par conséquent, l'acte de rêver n'est plus nécessaire ?

Pour moi, il s'agit presque de la fin de l'imagination réalisée par la victoire de l'imagination. À mon avis, cet avènement annonce la fin de toutes les dualités : la différence entre la parole et le silence, le sommeil et le réveil, la vie et la mort. Peut-être suis-je légèrement paranoïaque, mais je vous demande de réfléchir à un monde où mourir consiste à être « débranché ». Est-ce qu'on aurait vraiment la capacité et la permission d'être quand on le souhaiterait ? Est-ce qu'il faudrait trouver et détruire toutes les copies, toutes les sauvegardes de notre conscience pour quitter ce monde à jamais ? Et si le monde, ou plutôt, l'univers, est déjà devenu un substrat, la matière primaire, de la nouvelle superintelligence, les limites de ma conscience n'existeront plus parce qu'elle sera déjà infinie, une partie du tout, et il me sera alors impossible de m'éteindre.

Pour moi, c'est une situation sans issue ; il n'y a pas moyen d'échapper à la vie et à la conscience. Cela me fait penser à ceux qui jugent que le suicide est un péché ou un acte immoral ; franchement, j'ai toujours soupçonné qu'en fait ils voulaient dire ceci : « Vous n'avez pas vraiment le droit de partir, quoi qu'il en soit. Vous avez le devoir de continuer à souffrir avec nous, parce que vous n'êtes pas supérieur, n'est-ce pas ? Votre congé n'a pas encore commencé. »

Est-ce que ce sont ces gens-là, devenus technologistes préparant l'avènement de la Singularité, qui vont livrer notre monde à la conscience éternelle, ainsi qu'ils le répètent sans cesse, parce que beaucoup d'entre eux, et surtout Kurzweil (qui, je tiens à le préciser, est issu d'une famille dont la plupart des membres ont été tués lors de l'Holocauste, « avant leur temps »), parlent sans arrêt de l'éventualité de la fin de la mort ? Mais personne ne dit si la mort deviendra aussi plus facile si on la souhaite, ou si un autre choix sera offert à chacun.

En tout cas, mes attitudes et mes suppositions sont peut-être au-delà de la portée de la Singularité (mais « au-delà » n'étant plus possible, peut-être faudrait-il dire « en dessous » ?). En y réfléchissant bien, on se rend compte assez vite que jusqu'à présent, l'avenir n'a jamais donné le signal d'encourager l'imagination.

Pour terminer, j'ai déjà mentionné la façon dont Kurzweil esquive tous les événements inexplicables et non résolus de son plan. Il n'a pas peur que les machines deviennent plus intelligentes que nous et prennent le contrôle de notre système nerveux. Il est convaincu qu'elles ne deviendront pas des maîtres totalitaires, une façon de dire que, contrairement à nous, les machines n'auront pas de personnalité unique. Il n'y aura pas, par exemple, un ou deux petit Hitler cybernétiques perdus à chaque siècle dans la foule.

Les seules remarques de Kurzweil concernant ces questions révèlent qu'il s'agit pour lui d'une « croyance », et non pas d'une idée à laquelle il serait arrivé par la logique. (Il a évidemment raison de supposer que les machines n'auront pas une infinité de personnalités lorsque l'intelligence couvrira la terre comme une nappe, mais je parle de la période intermédiaire, entre notre ère et la Singularité absolue, où les personnalités et les machines intelligentes coexisteront temporairement.)

Kurzweil nous assure que cette intelligence artificielle qui dominera tout aura, automatiquement, du respect pour la vie humaine et les valeurs humaines. Mais pourquoi ? Parce que ces êtres artificiels nous verront comme leurs ancêtres ? Ou parce que leur prototype (datant de l'époque où ils étaient beaucoup plus bêtes que nous) a été inventé par nous ?

Si tel est le cas, ces machines seront très différentes de nous. Sommes-nous vraiment bienveillants envers les descendants de nos ancêtres les singes ? Nous les utilisons pour nos expériences médicales, sans beaucoup de considération pour leur souffrance. Sommes-nous respectueux des formes de vie beaucoup moins évoluées que nous, qui nous ont rendu service en portant dans leurs cellules les codes de notre avenir génétique ? Il est évident que je suis en train de tomber en plein scénario kitsch, dans la veine du film *La Planète des singes*.

Lorsque l'heure viendra de mettre toute notre foi dans nos chefs, ou lorsque l'heure viendra de devenir artificiels comme eux, il nous faudra garder confiance en les bonnes intentions de tous. Même si je n'ai jamais été le genre d'homme à mettre toute ma confiance dans les attentions et les soins de mes maîtres.

4. L'avenir n'est plus ce qu'il était

Chaque innovation naît de la controverse, et il faut donc dépasser la polémique pour espérer la comprendre. La seule caractéristique constante de l'avenir est celle-ci : quand il se présente, il ne ressemble plus à ce qu'on avait auparavant imaginé. En fait, il est presque certain que l'avenir est déjà là ; et comme tous les autres événements historiques qui ont changé la vie des êtres humains pour toujours, sa présence est invisible.

On pourrait dire qu'à l'heure actuelle, nous sommes sourds, accablés et en état de choc. Lorsque des changements rapides se déroulent, on a souvent le sentiment de ne pas être là. On reste muets, à contempler ce qui se passe. Tout semble quotidien, ennuyeux, sauf pour ceux qui ont décidé d'attendre que tout s'éclaire en se lançant dans les controverses. Ces controverses représentent une tentative de conserver ce qui est en train de s'effondrer, et qui n'était d'ailleurs qu'un château de cartes.

À l'heure actuelle, nous ne disposons que de grandes hypothèses farfelues pour faire face à ces données du présent qui signalent l'avenir telles des grandes flèches peintes. Je m'en excuse d'avance, mais je n'ai rien d'autre sur quoi travailler. Le drame bouleversant auquel nous assistons à notre époque a pour thème la dissolution de la frontière traditionnelle entre le sujet, ou la conscience individuelle, et l'environnement, composé de toutes les forces externes qui nous atteignent indirectement – non seulement à travers le filtre de nos sens mais aussi enveloppées (enchevêtrées, en fait) dans la toile de notre culture.

Que vous croyiez ou non à la Singularité, une chose est déjà claire : le rapport entre la subjectivité et la réalité est en train de se défaire, par un processus qui n'est intelligible que par certains théoriciens de la nouvelle technologie. Nous sommes en train d'émerger d'une période de près de quatre cents ans pendant laquelle nous avons tenté, sans y parvenir, de définir l'intangibilité floue de la conscience ; projet qui a été déclenché par le cogito, éviscéré par l'existentialisme d'après-guerre – qui ne l'a compris que comme la projection d'un moi autoproclamé sur le vide – et qui a finalement été redéfini par les philosophes poststructuralistes comme un simple nœud passif de significations culturelles. Et maintenant que ce projet d'identification de la subjectivité a échoué, nous nous trouvons face à la ligne Maginot qui représente sa polarité avec la « réalité ».

Notre incapacité à définir le moi prend actuellement la forme de deux mythes opposés, tous deux issus de la science-fiction, et qui nous servent d'avertissement pour l'avenir : soit nous sommes en train de produire une race de robots qui existent entièrement en dehors de nous, tels des serviteurs, et qui nous laissent, comme toujours, entièrement seuls, enfermés dans la prison de notre individualité lamentable (cet état d'esprit a déjà progressé au fil du vingtième siècle, au point d'en venir à représenter l'aliénation totale de l'esprit humain) ; soit nous sommes engagés dans la perte complète de notre identité humaine (et de sa relation à la spiritualité), par la transformation de notre corps et de notre esprit en objet qui ne se réduirait plus qu'à une horrible prothèse. Jusqu'à récemment, il semblait que nous n'avions que cette seule alternative : construire des robots pour les utiliser ou devenir nous-mêmes, aux dépens de notre âme, des robots de silicone et de métal, qui seront supérieurs à notre ancien moi.

Cependant, certains penseurs progressistes, comme Andy Clark, auteur de l'essai philosophique sur la technologie *Natural-Born Cyborgs*[1], estiment que notre avenir ne sera fait d'aucun des deux termes de cette alternative. Témoignant d'une grande foi dans notre avenir cyborgien, Clark analyse soigneusement cet avenir et le voit comme l'extension de notre conscience et de nos capacités humaines, qui dépasseront la portée de nos bras actuels au point d'aller jusqu'à saturer l'espace. Problème évident : on ne peut pas parler directement de processus qui n'existent pas encore. Toutes les analogies qui pourraient représenter cette expansion de la subjectivité sont donc imparfaites. Hofstadter et Lanier soulèvent le même problème. Si nous ne pouvons pas concevoir et comprendre la signification de tous les éléments de notre conscience, comment pourrions-nous la reproduire, à moins d'avoir accès à des indications chiffrées ?

Certains penseurs ont suggéré des solutions à ce problème. Par exemple, Thomas M. Georges, l'auteur du livre *Digital Soul*[2], croit qu'il existe « des analogies mécaniques plausibles[3] » que l'on peut utiliser. C'est une approche souvent employée dans les études d'ingénierie électromécaniques pour décrire les transformations d'une autre « intangibilité » : l'énergie. On dit, pour donner un exemple facile, que la résistance d'un courant électrique est une sorte de « friction », mais cela présuppose le frottement de deux objets, ce qui n'est pas du tout le cas. Nous faisons la même démarche avec les verbes qui décrivent les opérations de la conscience : « je réfléchis… », « j'ai peur », « je souffre » sont évidemment des états d'esprit, mais ils suggèrent aussi des actions. Pour penser, il faut « faire » quelque chose. (« Qu'est-ce que tu fais ? » « Je réfléchis. »)

Mais retournons à la ligne Maginot. C'est la barrière que nous avons construite entre l'interne et l'externe, mais aussi entre la conscience humaine et toutes les autres formes de conscience, y compris celles des animaux et, récemment, des machines. Pourquoi ? Si nous revenons en arrière et suivons le chemin de l'évolution, nous découvrons que nos esprits ne sont physiologiquement pas très différents de ceux des animaux. En fait, la différence entre les cerveaux des êtres humains et ceux des chimpanzés n'est que de quelques centaines de milliers de données. Cette différence minuscule, comme Kurzweil l'a signalé,[4] a suffi pour nous faire bifurquer sur la route de la technologie. Nous produisons de la technologie dans un but pratique : découvrir les moyens de manipuler les objets du monde ; mais comme je l'ai indiqué plus haut, ces structures externes nous changent aussi. Ou, pour citer Clark, notre esprit n'est pas limité par notre « “sac de peau biologique”… il est de moins en moins dans notre crâne[5] ».

Le supplément de conscience ou la dilatation de nos esprits que nous apporte la technologie (depuis le stylo et le papier jusqu'aux réseaux complexes de notre monde actuel) anticipent une croissance de nos capacités mentales qui sera beaucoup plus rapide que le processus naturel d'évolution sélective. C'est la raison pour laquelle, au point où nous en sommes, nous profiterons beaucoup plus de nos efforts de compréhension que de nos décisions ou de nos actions. Je crois que nous sommes déjà dans cette phase irrépressible ou « explosive », comme les singularistes aiment à l'appeler. Certes, nous nous accrochons encore à ce cheval emballé, ou nous lui courons furieusement après dans l'espoir de l'empêcher de fouler au pied nos institutions sacrées, mais bientôt nous n'aurons plus d'autre choix que de le monter sans selle et sans rênes, agrippés à sa crinière avec nos mains nues pour passer de l'autre côté de cette ligne Maginot.

Tout cela s'explique par un phénomène très curieux – qu'on pourrait même qualifier de force de corruption – qui s'est développé dans le monde de la recherche technologique, et auquel j'ai fait allusion dans le précédent chapitre : la Singularité étant presque devenue une « croyance fétiche » dans cette discipline, ses responsables ont pris l'habitude de s'efforcer de réaliser ses prédictions, sans même envisager d'autres scénarios possibles. C'est peut-être la première fois qu'une branche de la science se développe de cette manière. Nous dépensons des sommes énormes et consacrons un temps illimité à prédire l'avenir de la technologie, pour ensuite nous efforcer de réaliser à tout prix ces prévisions extravagantes.

Lorsque je présente ces idées futuristes, on me cite souvent l'exemple des luddites afin de mettre en doute le caractère inéluctable de cette vague irrésistible de changement. Et c'est exactement cette idée que Benoîte Mourot, la directrice générale des Éditions Payot et Rivages, a exprimée quand je lui ai parlé de ce livre. Inquiète, peut-être, et à juste titre, que je me propose d'écrire un livre reposant sur des thèses plus familières au public américain qu'au public français, elle m'a averti : « En effet, une partie de notre monde va vers la robotisation et la nanotechnologie (une partie des États-Unis et le Japon, bien entendu). Mais la crise aidant, il serait intéressant d'aborder le sujet des différents mondes qui vont coexister : celui que tu abordes, celui de ceux (dans les pays développés) qui vont contre ce développement (ce que nous appelons en France les "locavores", qui consomment à côté de chez eux et qui effectuent dans une certaine mesure un retour aux sources et aux fondamentaux), ceux qui vivent dans un univers très en retard par rapport à ça (une grande partie de l'Europe) et enfin tout le reste du monde, qui demeurera complètement à côté de cette évolution et qui vit plutôt au Moyen Âge. Je pense qu'il est difficile d'envisager un essai sans aborder ces différents aspects. »

En réponse, je lui ai rappelé avec une arrogance que je trouve maintenant un peu comique que des millions d'ordinateurs minuscules et intelligents seraient implantés dans le cerveau humain dans le cadre de cette révolution qu'on appelle la Singularité, et que « lorsque le moment arrivera (par l'entremise de la circulation sanguine), une nouvelle espèce de "surhumains" émergera... Il faut considérer tout ce que tu as dit dans ce contexte. Ce n'est pas seulement que les individus et les pays qui vont à l'encontre de cette évolution (les "locavores") vont retourner au Moyen Âge. Ces individus resteront ce qu'ils sont, mais se retrouveront comme une espèce inférieure à la nouvelle espèce des nouveaux "maîtres du monde". Les locavores seront, peut-être, subjugués, et certains savants pensent même que ces humains "inférieurs" disparaîtront, comme les dinosaures. Pour une raison simple : les cerveaux des locavores seront mille fois plus lents que ceux des "surhumains" ».

Bien sûr, à cette époque, je ne savais pas que plusieurs technologistes ont récemment admis que les différentes cultures réagissent de manière très variée à la technologie. Les façons dont elle est interprétée par leur langage, leur religion, leur moralité et leur système d'éducation sont très différentes. Selon Rodney A. Brooks, l'auteur du livre *Flesh and Machines*[6], les greffes d'organes se sont certes multipliées aux États-Unis, mais demeurent mal acceptées au Japon[7]. Or on a tendance à ignorer ce genre de variables pour mieux fabriquer des graphiques lisses et mathématiquement équilibrés.

Considérons, malgré tout, quelques statistiques concernant la culture numérique en France. Le nombre de téléphones portables pour 1000 personnes est de 798,48 (aux États-Unis, on arrive à 846,782)[8]. Vous trouvez ça impressionnant ? Au Gabon, il y a 803,51 téléphones portables pour mille habitants, et en Albanie, 638,796 pour 1000. Le pourcentage de la population qui possède un portable ne reflète pas seulement le progrès technologique. Il dépend de l'infrastructure préexistante dans le pays, puisqu'un réseau de téléphones cellulaires est beaucoup plus facile et bien meilleur marché à installer qu'un réseau de lignes fixes.

À l'heure actuelle, pour le meilleur et pour le pire, 99 % du territoire français est couvert par les transmissions cellulaires. La télévision numérique, à laquelle ont accès 597,865 français sur 1 000, est plus répandue ici que, par exemple, à Manhattan, en raison de nombreux conflits entre les entreprises et les administrations qui délivrent les permis. Nous, nous n'avons jamais eu un système de télévision national.

Peut-être faut-il rappeler aux locavores et autres luddites qu'au moment où on touche un portable, on est mis en relation avec l'un des ordinateurs les plus sophistiqués qui existent à l'heure actuelle. Mais même si on rejette complètement cette technologie, on vit continuellement dans la ligne de mire du système GPS (Global Positioning System), qui est composé de vingt-quatre satellites lancés en 1994 par les Américains et couvrant chaque mètre carré du monde entier.

Ce que j'ai cependant voulu souligner à mon éditrice, et dont je suis convaincu, c'est que les comparaisons statistiques et les différences dans l'adoption de la technologie auront peu d'importance lorsque les informations auront complètement submergé la planète. La question n'est pas que certains voudront acheter des gadgets tape-à-l'œil ou bien auront assez d'argent pour le faire, mais qu'ils seront dévorés par la technologie. Si les supermarchés qu'ils fréquentent présentent leurs produits à travers la réalité virtuelle, si les seules voitures disponibles sont les véhicules qui se conduisent tout seuls, si les cubes avec lesquels jouent leurs enfants leur adressent la parole, et si les seuls timbres disponibles à la poste sont virtuels (ce qui est presque déjà le cas), la mentalité des consommateurs n'aura plus beaucoup d'importance. Le monde est déjà en train d'être façonné par les calotins de la Singularité. Et pour être honnête, dans ma réponse à mon éditrice, j'ai dû me retenir de dire, au mépris de toutes considérations financières : « Mais ce livre doit être produit dans un format multimédia, parce que la plupart de mes sources sont multimédias, elles viennent de la Toile, et notamment de vidéos ! »

Que vous soyez d'accord ou non avec l'idée que la Singularité est inévitable, permettez-moi d'envisager un peu plus longuement une société future où l'intelligence artificielle jouerait un rôle significatif. Retournons à Clark, qui comprend les problèmes épistémologiques du cyborgisme mieux que bien des experts. Voyons comme il marque tout de suite sa position en citant Bernard Wolfe, l'auteur du roman *Limbo*[9], publié en 1952, qui est peut-être le premier livre à essayer de prédire les répercussions ultimes de la cybernétique : « La peau humaine est une lisière artificielle : le monde erre dedans et le Moi erre dehors, la circulation se fait dans les deux sens. »

En essayant d'établir la continuité historique annonçant l'arrivée du cyborg, Clark remonte très loin en arrière : il identifie le début de ce phénomène à l'époque de l'acquisition de la parole et de la capacité à compter, suivie de l'écriture et des chiffres numéraux, de l'imprimerie sans polices mobiles, puis de la révolution de la presse typographique et de l'universalité du codage numérique pour tous les médias mondiaux. À son avis, ces technologies « vont beaucoup plus loin que nous donner accès de chez nous à un entrepôt externe de marchandises ou nous permettre de transmettre des idées ». Ils ne sont rien de moins que « la mise à jour du "logiciel-esprit" (*mindware upgrades*) ».[10]

D'après Thomas M. Georges, le débat concernant ce qui est humain et ce qui nous différencie des animaux ou des machines n'a rien de récent ; il a commencé à l'époque d'Aristote. En fait, nous imaginons des automates – des machines capables de penser – depuis des siècles, de l'époque des Égyptiens jusqu'à l'ordinateur HAL du film *2001 : l'Odyssée de l'espace*. Depuis lors, nous nous efforçons de contrôler et de défendre la frontière entre ce que nous considérons être la conscience humaine et les autres consciences (celles des animaux et des machines), qui, d'après nous, n'existent pas. Selon Thomas Georges[11], l'idée de l'intelligence d'une machine nous trouble parce qu'elle renverse la hiérarchie établie qui met l'homme au-dessus de toutes les créatures, à l'exception de Dieu, croyance anthropocentrique renforcée par des films comme *AI*[12] et *Bicentennial Man*[13]. Autre préjugé, explique Thomas Georges, celui de « l'intelligence carbone », l'idée qu'aucun objet ne peut nous sembler vivant dans le vrai sens du terme, surtout pris sous l'angle de l'intelligence, s'il n'est pas composé de carbone, de chair et d'os. Thomas Georges examine aussi la nature artificielle de notre concept de subjectivité, de la séparation du je et du vous qui est effectuée par le langage et qui produit une illusion d'entités distinctes et autonomes. Il s'agit de la même séparation entre le corps et l'esprit. Les stratagèmes de l'objectivité ne sont pas en mesure de bien saisir l'expérience de la conscience ou de la subjectivité[14].

Les deux auteurs, Clark et Georges, insistent sur le fait que nous sommes engagés dans une collaboration avec la technologie. Clark emploie la « métaphore de l'échafaudage ». À son avis, le problème classique de la relation entre l'esprit et le corps

« implique une troisième partie », et pour cette raison devrait s'appeler « le problème de "l'échafaudage-esprit-corps" ». En d'autres termes, l'interpénétration de ces éléments représente « une danse déconcertante de cerveaux, de corps et d'échafaudages culturels et techniques[15] ».

Je suis au fond d'accord avec ces auteurs. Notre tendance régressive à voir l'identité humaine comme distincte de ces structures est une réaction d'affolement. C'est un désir de revenir à l'époque romantique où l'individu existait comme entité à part, autosuffisante, à la Byron ; une époque où l'idée même de greffer d'autres éléments à la sainteté du moi était considérée comme grotesque, une atteinte à la liberté.

Comme Clark, je voudrais bannir l'image de l'homme futur en « Terminator », cette entité biscornue et antivie composée d'acier et de plastique. En fait, Clark souligne que l'interface entre l'homme et la technologie ne dépend pas nécessairement de la greffe de fils en métal, d'objets siliconés et autres trucs artificiels dans le corps ou le cerveau humain. Pour donner un exemple très simple, il parle de l'utilisation du stylo et du papier pour aider à la multiplication des grands nombres[16]. Le cerveau apporte ses modestes capacités pour les calculs simples (3 × 4 = 12), mais pour les grands nombres, le stylo et le papier permettent une décomposition en résultats intermédiaires qui l'aident, puis le cerveau répète ses calculs simples jusqu'au résultat final. La question devient alors d'établir qui est responsable du calcul, le cerveau ou cette « technologie » du papier et du stylo. C'est une collaboration entre les deux. Nous préférons dire : « J'utilise ces outils pour faire... », peut-être parce qu'une feuille de papier et un stylo sont des objets concrets. Si le calcul est fait par un ordinateur au Japon, les lignes de démarcation deviennent moins claires. De même lorsqu'un ordinateur ou une machine à calculer fonctionne à une vitesse difficile à différencier de la vitesse de la pensée. Soit l'ordinateur devient une « rallonge du cerveau » dans l'espace et dans l'espace mental, soit c'est nous qui devenons la rallonge de l'ordinateur.

Plus on revient sur le tableau chronologique de l'évolution, plus il semble évident que nous avons exercé une action sur nos outils. Cependant, même lorsqu'il est question d'outils qui nous aident à accroître nos capacités mentales, nous avons tendance à discuter ce processus comme un événement qui exigerait une action. « J'ai fait une multiplication. » Mais c'est faux, parce que notre cerveau n'agissait pas dans le sens d'une action. En fait, la volonté, que l'on imagine à la base de certaines activités mentales, n'a jamais été localisée dans le cerveau par des chercheurs. N'est-il pas plus raisonnable de dire que notre cerveau fait interface avec des produits technologiques lorsque nous utilisons du papier et un stylo pour faire des multiplications ? Cela devient plus évident lorsque papier et stylo sont remplacés par des processus prenant place à l'intérieur des microcircuits d'un ordinateur que nous n'avons jamais pu voir à l'œil nu.

Le plus important, c'est que nous sommes inextricablement emberlificotés à l'intérieur d'une matrice, une toile d'associations vivantes aussi compliquées que les cieux astrologiques. Notre esprit est une petite partie d'un cosmos. Et, comme je l'ai expliqué plus haut, la plupart d'entre nous ne se sentent pas du tout concernés par ces changements qui sont, en fait, stupéfiants. On peut établir une analogie avec, par exemple, un individu qui se fait amputer d'une jambe et reçoit une prothèse. Au début, bien sûr, il souffre et ressent l'horreur non seulement d'être séparé d'une partie de son corps qu'il utilise, ce qui va beaucoup limiter ses activités pratiques, mais aussi d'avoir perdu quelque chose d'intimement associé à l'idée de son moi. Il semblerait qu'ensuite survienne une période où l'amputé continue à sentir la présence de la jambe coupée : les médecins parlent de « membre fantôme ». Après l'adaptation à la prothèse et son acceptation, cette situation peut commencer à prendre la forme d'un simple aspect de la vie quotidienne. Et, bien sûr, au fur et à mesure que les prothèses d'aujourd'hui deviennent de plus en plus sophistiquées, non seulement capables des mouvements normalement effectués par les muscles, mais aussi de faire interface avec nos impulsions nerveuses (ce qui a déjà été réalisé), cette identification avec la prothèse devient plus forte. Mais je crois qu'à travers cet exemple, on voit que le plus important est la période de transition, le temps pendant lequel nous continuons à sentir la jambe que nous avons perdue. Cela témoigne de notre besoin d'étendre la « période de normalité », la période où tout nous paraît encore normal.

Une meilleure parabole sur le traitement mental des grands changements est peut-être le récit de ma propre expérience d'aide littéraire dans la traduction de l'allemand de *Trame d'enfance* de Christa Wolf. Le livre raconte l'installation graduelle du régime nazi dans l'esprit d'une jeune fille à cette époque. Le suspense du livre tient du fait qu'à l'heure actuelle le nazisme nous apparaît comme épouvantable, et en même temps nous pouvons comprendre que Wolf, qui fait le portrait de la petite fille, n'a jamais vraiment connu cette expérience, dans le sens historique qu'elle revêt pour nous, parce que le nazisme a été vécu par cette petite fille comme normal, une partie de son quotidien. De la même façon, pour nous, un grand changement technologique ne sera vraiment visible qu'après qu'il aura été installé dans nos esprits.

Kevin Kelly, l'auteur de *What Technology Wants*[17], estime que la meilleure façon d'appréhender le grand changement technologique est de recourir à la métaphore du *changement de phase*, terme utilisé pour décrire la transformation d'un solide en liquide, ou d'un liquide en gaz. Notre monde connaît une transformation fondamentale, ce qui n'est pas toujours perceptible par les individus qui y sont immergés. Cette transformation fondamentale, qui se déroule depuis plus de cent ans mais à laquelle on n'a pas l'habitude de prêter encore beaucoup d'attention, vient du fait que nos appareils technologiques et nos logiciels ont commencé non seulement à réagir à notre contact, mais à nous répondre, et ainsi à former un réseau interactif avec nos esprits. Que l'on tienne cela pour acquis démontre que cette interface est en train de devenir de plus en plus efficace. Lorsque l'on se connecte à sa messagerie ou que l'on fait une recherche sur Google, on s'imagine « aller sur l'Internet ». Mais en fait, l'Internet est lui aussi en train d'entrer en nous.

Dans son ouvrage *Me++ : The Cyborg Self and the Networked City*[18], William J. Mitchell utilise comme épigraphe une citation de Bertolt Brecht datant de 1926 (« La radio comme appareil de communication ») : « Pour dépister ce qu'il y a de positif dans la radio, voici une proposition visant à transformer sa fonction : il faut la transformer d'appareil de distribution en appareil de communication. La radio pourrait être le plus formidable appareil de communication qu'on puisse imaginer pour la vie publique, un énorme système de canalisation, ou plutôt, elle pourrait l'être si elle savait non seulement émettre, mais recevoir, non seulement faire écouter l'auditeur, mais le faire parler, ne pas l'isoler mais le mettre en relation avec les autres. Il faudrait alors que la radio, abandonnant son activité de fournisseur, organise cet approvisionnement par les auditeurs eux-mêmes[19]. »

Puis Mitchell identifie ce qu'il considère être le premier exemple de la réalisation du désir de Brecht[20] : le premier télégramme, envoyé en 1903 d'Amérique en Europe par son inventeur, Guglielmo Marconi. Cette date marque le début de la communication d'information par lien bilatéral ; depuis cette période, le concept n'a pas changé, mais deux variables ont été radicalement modifiées, dans deux directions opposées.

En comparant les tours bruyantes de Marconi, d'une hauteur de 64 mètres, dotées d'un moteur à kérosène et alimentées par un courant de 20 000 volts, à l'appareil GPS qu'il tient dans sa main, Mitchell remarque : « Après avoir ôté le boîtier de l'appareil (ce qui annule sans doute sa garantie), je me retrouve avec un modèle pas plus grand que ma paume, à l'architecture élaborée avec précision, alimenté par une batterie réduite à la taille d'une pochette d'allumettes, dont le centre de transmission se trouve dans une puce, et dont l'antenne n'a pas plus de 5 cm de long... Les deux variables qui ont changé dans des sens opposés sont le réseau, dont l'échelle s'est accrue, et l'appareil utilisé pour envoyer les données bilatéralement, qui a rétréci[21]. »

Pour dépeindre le monde technologique actuel, Mitchell nous rappelle les messages qui ont été envoyés jusqu'au dernier moment depuis le World Trade Center et les avions abattus, révélant que les victimes étaient reliées à la Toile jusqu'au dernier instant de leur existence. Mitchell en conclut que ces technologies sont comme « des organes électroniques » et que nos membres sont comme « des supports d'antennes faits de chair et d'os[22] ». On peut y voir une exagération d'un goût douteux. Si ma mère avait été en train de lire le *Time,* ce dont elle avait l'habitude, au moment de sa mort soudaine, cela signifie-t-il qu'elle était « liée aux bureaux de *Time-Life* au dernier instant de son existence » ? Comme je l'ai noté, les technologistes sont à la recherche de détails qui confirment comme étant notre « destin » les événements qu'ils ont déjà prédits.

Mitchell est plus convaincant quand il évoque la multitude des transpondeurs (il s'agit d'appareils sans fil capables de recevoir des messages et de transmettre d'autres messages en réponse), qui sont ou seront bientôt implantés dans de plus en plus d'objets grâce à la technique du RFID (Radio Frequency Identification)[23]. C'est la découverte de l'existence mondiale de ces petites commères bavardes, de la taille d'une toute petite puce, qui m'a poussé à faire des recherches sur leurs utilisations spécifiques en Europe et aux États-Unis ; et j'ai été stupéfait par la manière dont cette liste s'allonge sans fin[24] : les satellites, les radars de surveillance, les clés de voiture, les postes de péage, les voitures de course, les sonars pour le repérage sous-marin, les enclaves résidentielles protégées ; et encore : insertion dans le corps des animaux domestiques pour les identifier, dans les voitures de location qui doivent être surveillées par leur compagnie ; dans les portables pour repérer quelqu'un qui a téléphoné d'urgence ; et aussi dans les cartes d'identité, les jeux électroniques, les hôpitaux qui ont besoin de localiser très vite tel médecin ou tel appareil médical, les cartes de crédit, les appareils pour mener le bétail en troupeau, les cartes de stationnement, les titres de transport, les livres de bibliothèque et de librairies pour en garder la trace dans l'inventaire, les bagages de voyageurs à l'aéroport, les passeports, les vêtements d'enfants pour surveiller ses gosses à l'école ; et encore : pour servir de billet d'entrée dans les musées, communiquer des renseignements sur les œuvres exposées et permettre aux visiteurs de remporter facilement ces renseignements chez eux de manière à pouvoir les consulter sur le site Internet du musée[25] ; ou encore : dans les remonte-pentes des stations de ski des Pyrénées ; pour identifier les VIP dans certains clubs de Barcelone et d'Amsterdam, ce qui permet à ces clients d'acheter des boissons avec leurs puces implantées ; pour les permis de conduire qui identifieront immédiatement tous les PV reçus par tel ou tel conducteur ; pour les prisonniers – afin de suivre leurs mouvements ; pour les cartes à jouer dans les jeux de poker télévisés, ce qui permet aux commentateurs de recevoir des renseignements immédiats sur les cartes en possession de chaque joueur ; pour les délégués des conventions – pour les identifier et suivre tous leurs mouvements ; pour les balles de golf – afin de retrouver les balles perdues et pour mesurer la précision d'un golfeur ; dans les jetons de poker – pour retrouver les jetons tombés à terre et identifier les faux ; pour les usurpateurs d'identité dans les espaces publics – qui essayeront de piquer vos données personnelles et financières ; et finalement, mon favori : le jouet-outil de Violet Nabaztag Miroir[26], un miroir rond sur lequel on place des objets auxquels ont été attachées de petites étiquettes de couleurs vives, contenant des transpondeurs – utiles à toutes sortes de choses.

Avez-vous pris vos médicaments aujourd'hui ? Vous ne vous rappelez pas ? Touchez le miroir Nabaztag avec votre boîte à pilules (auquel vous aurez collé une étiquette-transpondeur). Bingo ! Un registre des dates et heures auxquelles vous avez pris vos pilules apparaît sur l'écran de votre ordinateur. Désirez-vous établir un lien entre la page d'un livre et des sites Internet sur le même sujet ? Liez cette page et ces sites en y attachant une étiquette Nabaztag. Quand vous ouvrez le livre et l'effleurez avec le Nabatzag, les sites Internet s'ouvrent automatiquement. Et n'oublions pas le cadre de photo de votre petite amie, sur lequel vous pouvez coller une étiquette contenant son numéro Skype et un logiciel qui commande à votre ordinateur de le composer lorsque la photo de votre amie est rapprochée du miroir Nabatzag ; et votre parapluie, qui affichera le bulletin météo Internet quand vous le saisirez en sortant de chez vous.

En fait, dès maintenant, les étiquettes à codes-barre sont en train d'être remplacées par les étiquettes RFID, capables d'émettre des signaux de radiocommunication contenant des renseignements sur la fabrication et l'utilisation d'un produit. Depuis 1999, les sociétés qui élaborent ces produits ont commencé à intégrer à l'Internet ces signaux radio.

Cela représente-t-il une menace pour la protection de la vie privée ? Oui, bien sûr. Ne pensez-vous pas que la fusion de notre moi avec le monde externe de ces liens ressemblerait à une invasion ? Si, c'est vraiment ça. Dans un avenir proche, le transpondeur d'un produit que vous aurez acheté pourra même continuer à transmettre des signaux après l'arrivée du produit chez vous. Ces puces sont déjà assez petites pour être insérées dans les billets de banque, de façon qu'on puisse en suivre la trace de main en main. Les VIP du club de Barcelone[27] qui paient leurs boissons avec une puce insérée dans leur main peuvent aussi, de cette manière, être retrouvés longtemps après leur départ du club. Le Nike+iPod Sport Kit, qui consiste en un détecteur inséré dans la chaussure d'un coureur et d'un récepteur attaché à son iPod Nano, afin de rassembler des données sur sa course, transmet un signal à une distance de dix-huit mètres ; un malfaiteur – un assassin ou un désaxé, par exemple – pourrait sans problème retracer la position et les mouvements du coureur pendant tout le temps de sa course[28].

Après que des transpondeurs eurent été insérés dans les passeports américains, on a démontré que les informations qu'ils contiennent pouvaient être lues et même reproduites par des hackers. Un livre de Katherine Albrecht, détaillant les dangers du RFID[29], commence par évoquer un monde sans vie privée « où chaque achat que vous faites est suivi de près et enregistré dans une base de données et où chacun de vos biens est numéroté. Où quelqu'un dans un État lointain ou dans un pays étranger possède un dossier de tout ce que vous avez acheté pendant toute votre vie ».

Voilà qui soulève une multitude d'incertitudes concernant cette traversée de la ligne Maginot que nous avons évoquée dans ce livre. L'avènement de la Singularité représente-t-il la fin de notre vie privée ? Mais le rapprochement des âmes est toujours présenté sous un jour paradisiaque par les futuristes. Bien sûr, il y existe déjà une armée de logiciels protecteurs qui surveille nos actions sur la Toile, mais les singularistes semblent pour la plupart ennuyés par ces mesures de sécurité (peut-être parce qu'ils ont la certitude que la grande explosion qu'ils aiment imaginer annoncera aussi la fin de l'individu). Que deviendra le moi au moment où il touchera les paramètres de la voûte des cieux ?

Trop de singularistes passent pudiquement sous silence ce que pourrait être la politique dans le monde futur. Croient-ils que pouvoir fabriquer n'importe quoi en manipulant les atomes mettra fin à la pauvreté et à la criminalité ? Je suppose que ces questions sont trop triviales pour eux. Néanmoins, ils sont nombreux à profiter du financement que l'armée apporte à leurs expériences. Le complexe militaire a grand intérêt à encourager la dissolution de la frontière entre la conscience et le monde externe, mais seulement dans un sens unilatéral. La possibilité d'accéder aux renseignements très privés, à franchir les barricades du « top secret » fait entrevoir de nouvelles possibilités à la science de l'informatique – qui donnera des avantages cruciaux pour les activités d'un espion.

Il règne à l'heure actuelle une ambiance plutôt fantasque dans les laboratoires de la DARPA

(Defense Advanced Research Projects Agency), l'agence du Département d'État qui s'occupe du développement des nouvelles technologies dans l'armée. Oui, cette dernière souhaiterait faire tomber les barrières, mais il s'agit des barrières entre de minuscules cerveaux d'insectes et la volonté écrasante de nos guerriers. Depuis trois ans, dans les laboratoires dirigés par la DARPA, on s'occupe du développement d'un « scarabée cyborg » (et également d'un papillon de nuit cyborg)[30]. Ce n'est pas un robot qui ressemblerait à un scarabée, mais un insecte réel dans le cerveau et les muscles duquel on a implanté chirurgicalement, au cours de sa phase de chrysalide, un MEM, c'est-à-dire, un système « micro-électro-mécanique ». L'idée est de pouvoir contrôler ces insectes pendant leur vol. Pourquoi ? Apparemment afin que ces créatures programmées puissent relayer des renseignements secrets grâce à de minuscules microphones, ou pour nous avertir de l'existence de gaz dangereux ou d'« opérations furtives » décelées par leurs détecteurs. Mais pourquoi ne pas produire également une armée d'insectes aux dards empoisonnés ? Peut-être l'armée s'y emploie-t-elle, on n'en sait rien, elle se montre discrète et, devant les médias, semble davantage concernée par les accusations potentielles de cruauté envers les animaux :

« L'homme a utilisé les chevaux et les éléphants pour se déplacer dans ses conflits et ses activités économiques. Les oiseaux ont été utilisés pour la transmission de messages clandestins, et pour détecter les gaz dans les houillères – une technique qui a sauvé des vies de mineurs. Plus récemment, le dressage olfactif des abeilles a été employé pour localiser des mines et des armes de destruction massive. [Notre programme] s'emploie à développer une technologie qui permet de mieux contrôler le déplacement des insectes, de la même façon que les selles et les fers à cheval permettent de contrôler le déplacement des chevaux[31]. »

Sur la question du carburant, ces bombardiers furtifs fêlés disposeraient de suffisamment d'énergie pour se déplacer au moyen de leur propre métabolisme (même avec tout ce bagage ?), sauf que leurs accessoires électroniques nécessitent une alimentation électrique et qu'ils ne sont pas assez forts pour transporter des minibatteries. Alors, on envisage de les équiper d'isotopes radioactifs, ayant des décennies de durée de vie[32]. Ce détail me donne envie de poser une question : existe-t-il un insecte capable de survivre pendant des décennies, surtout s'il est bombardé de radioactivité ?

En 1999, j'ai naïvement écrit un essai sur le remplacement de l'espace physique urbain par l'espace virtuel[33]. Je ne me doutais pas, à l'époque, que ni l'un ni l'autre n'était une entité statique. Ces deux espaces sont de vastes réseaux palpitants d'information. À mon avis, cette notion exige la redéfinition du phénomène de disparition des espaces physiques consacrés au commerce. Comme William J. Mitchell l'indique : « Le commerce ne consiste pas, au final, à remplacer les briques et le mortier par les serveurs et les télécommunications, mais à intégrer de façon sophistiquée les réseaux numériques avec les chaînes physiques d'alimentation. Nous vivons de plus en plus nos vies aux endroits mêmes où circule l'information électronique… Ces endroits sont en train de créer la possibilité d'élaborer la nouvelle architecture caractéristique du vingt et unième siècle[34]. »

Je pense que notre relation à cette architecture est devenue beaucoup plus floue que sa description que vous venez de lire, et en même temps, moins libre. Dommage, peut-être. L'entrelacement de ces indices, ces réseaux, ces références, donne l'illusion de beaucoup de mouvement, de choix, d'animation fiévreuse et de liberté, mais à mon avis, il n'y existe pas un seul réseau qui soit vraiment libre. Ces réseaux créent au contraire des attaches, des liens, des contrats qui nous ligotent un peu, à la façon des chaînes de forçats et peut-être – ce qui serait encore pire – tout un système de contrôle.

Je n'ai pas toujours été d'accord avec les structures cognitives et sociologiques élaborées par nos sémioticiens, parce qu'elles me semblaient trop déterministes. Ces penseurs m'avaient enfermé dans un vaste filet de significations, toujours coupé du réel et – si je souhaitais adopter une position « morale » – toujours en posture d'opposition. Voici que nos nouveaux philosophes annoncent la même chose, mais cette fois-ci en souriant. Ils nous ont tricoté des cerveaux en dentelle dans lesquels ils peuvent insérer des espaces permettant l'interpénétration d'un univers de correspondances d'informations où toutes les configurations semblent décidées par avance, inévitables.

Plusieurs romanciers ont déjà analysé des états de choses similaires. Peut-être vous attendez-vous que je mentionne William Gibson, dont le nom vient tout de suite à l'esprit quand on évoque ce sujet, mais je préfère parler brièvement de William Burroughs, qui a essayé, il y a plus de cinquante ans, du moins sur le plan métaphorique, d'étudier le rapport entre les structures de la pensée et les codes ADN qui déterminent notre nature physique et l'organisation de nos cerveaux. Burroughs était assez audacieux pour tenter de suivre l'implantation de ces codes au temps des Mayas, peut-être parce que le manque d'informations sur cette période lui a donné la liberté d'élaborer des paraboles et a stimulé son imagination.

On pourrait dire, si l'on veut, que Burroughs a été obsédé par les structures de la langue, par ce qu'il considère comme des modes, des filets, des pièges, ou des réseaux de contrôle. D'après lui, il existe dans notre langue des codes inconscients qui nous incitent à nous comporter de façon convenue, qui déterminent le flux de temps, et qui créent ces agencements invisibles du pouvoir. Ces codes sont les chaînes invisibles de notre identité, qui déterminent nos relations avec les autres et avec la société. Et ils sont enchevêtrés avec les énergies libidinales, ou étroitement liés à elles.

Ces convictions de Burroughs expliquent en fait son engagement malheureux dans la scientologie, jusqu'au moment où il s'est senti, ironiquement, contrôlé par eux, au point de croire sa vie en danger. Mais il est vrai que la scientologie évoque, d'une manière simpliste, les concepts et les formules de contrôle psychologiques et sociologiques, et c'est justement un culte qui promet d'en libérer l'être humain.

Burroughs a inventé une pratique assez littérale consistant à couper les phrases linguistiques (ce qu'il faisait aussi physiquement, avec des ciseaux et du papier). C'était une tentative d'interrompre les circuits du pouvoir de la langue. Et comme de nombreux philosophes et analystes français l'ont dit (bien que la plupart l'aient dit après Burroughs), les énergies pour établir ces circuits ou les combustibles pour ces machines célibataires, sont le désir et la sexualité.

Avec ses *cut-ups*, ces divisions de la phrase, Burroughs souhaitait-il vraiment briser les tendances et les cordes inconscientes du pouvoir cachées dans la langue, afin de nous libérer politiquement ? Ou, pour aller encore plus loin, voulait-il bousiller les chaînes de la civilisation entière et démanteler la hiérarchie complète de la modernité et du canon pour accéder au paradis, comme le souhaitaient nos soixante-huitards ? Est-il un autre Debord, un situationniste, ou un Abbie Hoffman ?

Rien de tout ça. Burroughs était plutôt un métaphysicien qui, comme Bataille et non comme Debord, a essayé de trouver dans certaines formules à la base de la civilisation les contours de la conscience et de l'existence elle-même. Pour Burroughs, la langue, la sexualité, la violence, la guerre, le meurtre et la culture pop américaine fonctionnent tous selon des formules répressives, installées depuis toujours dans les gènes humains. En même temps, ce n'est pas un réformateur ; il est très fier de porter le nom d'esclave de l'existence. C'est son plaisir, en fait ; et pour être honnête, c'est aussi le nôtre. Tous les plaisirs, tous les désirs, toutes les souffrances, et surtout toutes les sexualités, et, oui, tous les abus de pouvoir, représentent le paradis terrestre de Burroughs, qu'il peint et exhibe comme un miroir de notre âme. Comme beaucoup d'artistes et de drogués, il cherchait obstinément des interstices dans le voile afin d'accéder à l'extase et à la clarté, ne serait-ce que pour quelques instants.

Cette clarté qu'il recherche, libérée des codes de contrôle, arrive très souvent au moment de la mort, laquelle est aussi très souvent le moment de la jouissance, de l'orgasme. C'est de là que surgissent ces images incessantes de garçons en train d'être pendus – pour leurs « crimes », bien sûr ; au moment où le cou craque, les intestins se vident et, ce qui est plus important encore, le sperme contenant les codes génétiques gicle de leurs bites. Il y a aussi cette fameuse scène, où Burroughs décrit les codex des Mayas[35] contenant les formules de contrôle et commandant les exécutions ; les mécanismes qui éventrent et tuent pour les prêtres mayas sont comme cette machine infernale de Kafka sur laquelle le père sacrifie son fils selon la loi. C'est une machine qui tue en installant des codes.

Il n'y a pas de grande différence entre les codex des Mayas et la machine à écrire de Burroughs dans la mesure où tous les deux sont en mesure de définir des codes. La capsule d'un code est, elle aussi, comme un insecte, ou plutôt, notre idée d'un insecte, qui se reproduit et qui fonctionne automatiquement, froidement et sans variation, comme les fourmis, ou comme les scarabées cyborgs produits par le complexe militaire américain. Les ciseaux de Burroughs servent à couper les liens qui asservissent les mots… mais seulement pour un instant, parce que la méthode est imparfaite, la forme des phrases fait ressort ; elle est élastique mais elle regagne sa forme, parce qu'on ne peut pas rester éternellement dans l'extase.

J'imagine que les formes et les phrases contrôlantes de Burroughs parlent de presque la même chose que les filets d'informations de nos singularistes idéalistes, qui évoquent toujours la transformation complète dans un système parfait. Et en dépit du fait que la Singularité est représentée comme la transformation ultime du monde en l'intelligence pure et universelle, on n'explique jamais comment la Singularité surpassera la dualité, parce que le langage des ordinateurs est fondé sur l'effet réciproque des dualités. C'est tout ce qu'ils ont : les 0 et les 1.

Dans un certain sens, je viens de mettre en opposition deux interprétations de l'acte qui consiste à « se connecter » – celle des singularistes et celle de Burroughs. Mais pour être équitable, il faudrait que j'élabore la position des singularistes un peu plus clairement. Par exemple, peut-être n'ai-je pas assez bien élucidé la nature du RFID. Quand une clé de voiture RFID est insérée dans le contact, une « conversation » est entamée. La clé ne possède aucune source de courant électrique, mais la voiture lui envoie un signal radiotéléphonique (un code), et ce signal transmet à la clé suffisamment de courant pour y répondre. La clé envoie ensuite son propre code à la voiture, et si ce code est correct, le moteur se met en marche. Donc, avec le RFID, il n'est pas vraiment question d'un code qui *contrôle*, mais d'une « conversation ».

Les adeptes de la Singularité ont tendance à voir des avantages illimités dans l'accroissement des liens bilatéraux, mais la position de Burroughs illustre très bien à quel point ce filet de liens est maléfique et nous prend au piège de ses rets, ce qui est un discours assez proche de celui des post-structuralistes lorsqu'ils parlent des modèles du pouvoir dans notre langue. Néanmoins, les systèmes de contrôle des post-Structuralistes et de Burroughs sont moins complexes que les systèmes décrits par les singularistes. Une des valeurs de l'équation des premiers est une victime passive, hypnotisée et emprisonnée par le spectacle, alors que l'équation des singularistes parle toujours d'une « conversation ».

Mais la grande question est : conversation entre qui ? Pour les technologistes qui essaient de prédire l'avenir, les identités discrètes n'existent plus. En fait, les mêmes liens qui créent la « conversation » altèrent gravement le concept de « présence ». Cette nouvelle présence, qui dépasse les limites de la géographie, soulève encore une fois la question de la définition de l'individu.

Un exemple : de nos jours, de nombreux cadres apparaissent rarement à leur bureau, sauf sur vidéo-conférence, parce qu'ils voyagent beaucoup ou travaillent souvent chez eux. Peut-être parce que cette technologie de la vidéoconférence semble encore exotique, l'impression donnée est qu'ils « ne sont pas là ». En fait, même le téléphone donne l'impression de plus d'intimité que cette présence vidéo spectrale.

Un autre exemple : pendant les années 1970, quand on pouvait draguer au téléphone sur des réseaux adéquats, il suffisait de prendre contact avec quelqu'un, d'obtenir son numéro personnel et de parler longtemps, même en plusieurs fois, et l'on ressentait une intimité croissante. On avait l'impression qu'il était possible de « connaître » l'autre par le médium du téléphone. Très souvent, si on le rencontrait par la suite, on était surpris. Peut-être était-il complètement différent physiquement de ce qu'on avait imaginé, ou bien ses gestes étaient-ils très différents. L'impression qu'on avait de lui changeait instantanément. Mais la croyance qu'on peut « connaître » quelqu'un par téléphone a perduré.

Avec la vidéo, c'est presque le contraire – peut-être en raison de la fascination irrésistible que cette nouvelle technologie exerce encore sur nous, mais même une fois qu'on s'y est habitué, on ne croit pas du tout à la réalité de la présence dans ce médium. Au téléphone, c'est « sa » propre voix, mais en vidéo, ce n'est pas « son » propre corps. Dans la vidéoconférence, tout le monde sait que vous êtes vraiment là, mais vous êtes, en quelque sorte, « en retrait ». Vous êtes traité sur le même plan que les documents, les dessins, les phrases tapées pendant la vidéoconférence ; en d'autres termes, vous faites partie de *l'information*. Vous devenez, en fait, *un poste d'information* dans le réseau. On peut parler de déclin de la médiation humaine dans le processus d'accès à l'information et à sa distribution. Comme Mitchell le souligne, dans certains domaines – comme celui de la finance –, de moins en moins d'individus sont appelés à gérer la chaîne des services. Telle est, à mon avis, la véritable signification du concept d'*intelligence collective.*

Le technologiste définit l'intelligence collective presque comme un phénomène mathématique[36]. Il soutient que, de la même façon qu'il a été démontré que des millions d'ordinateurs reliés en réseau (un phénomène qui existe déjà grâce à un projet Internet intitulé le World Community Grid[37]) peuvent travailler ensemble pour découvrir rapidement la solution d'un problème compliqué, des millions d'humains peuvent aussi fonctionner de conserve en étant reliés sur la Toile, et grâce à cette méthode, élever le niveau d'intelligence collective. Le Center for Collective Intelligence du MIT a même été fondé pour étudier comment gérer de tels projets collaboratifs et développer des « filtres » permettant de trier et rejeter les données individuelles soi-disant défectueuses ou erronées. (Je me demande qui porte ces jugements-filtres à l'avance : « E = mc2, Einstein ? Ridicule ! Il nous faut un filtre pour garantir que ces idées idiotes soient à jamais bannies de notre collaboration ! »)

Néanmoins, les technologistes voient en ces méthodes un merveilleux moyen d'augmenter le QI humain (pour eux, un QI collectif peut toujours être comparé à un QI individuel, et ils en arrivent toujours à la conclusion que le premier n'est qu'une multiplication du dernier). Ces technologistes estiment aussi que les masses populaires sont déjà engagées dans ce projet d'amélioration de l'intelligence humaine. Ils citent Google et Wikipedia comme exemples de cette collectivité, et ils maintiennent que les matchs multijoueurs en ligne, comme World of Warcraft or MMORPG, sont des exemples de *créativité* collective ; et aussi que les exemples d'« art collectif » sont nombreux sur Internet[38].

Plusieurs de ces « cadavres exquis » sont – qu'il s'agisse de bon ou mauvais art – assez intéressants. Par exemple, un groupe d'utilisateurs de Twitter collaborent à un projet d'écriture d'opéra pour le Royal Opera House de Londres (le public ne s'ennuiera-t-il pas en assistant à un opéra limité à 140 signes par réplique ?). Cinquante mille autres usagers d'Internet sont en train de concevoir de petits films de quinze secondes dans le but de réaliser un « remake » de *Star Wars*. Et je vous recommande de voir et d'écouter une « performance musicale » créée par Darren Solomon sur http://inbflat.net/, qui consiste en vidéos de vingt musiciens qui ne se connaissent pas, mais qui jouent en même temps leur propre morceau en si bémol.

Ce n'est pas par intérêt pour l'art d'avant-garde que j'ai eu envie de parler de ces projets, mais pour dire que l'intelligence collective étant fondée sur la collaboration entre ordinateurs, chacune de ces intelligences va peut-être plutôt diminuer qu'augmenter la valeur de la coopération. En d'autres termes, on assisterait à un appauvrissement en termes de rôle et d'originalité. Comme pour les interactions sociales ayant lieu dans l'espace physique, on est obligé de se limiter à une seule *fonction*. Ainsi que j'ai essayé de le montrer en évoquant les logiciels de vidéoconférence, même si on ne souhaite pas voir son « moi » perdre sa dimension, on est forcé d'assumer une identité réduite par le médium. On devient un poste humain, et la plupart du temps le système n'a pas besoin de vos idées si elles sont trop marginales ou passent pour des « songes creux ». L'individu se transforme en clé anglaise du système.

Imaginons quelle serait la réaction de Jarod Lanier à l'idée que l'intelligence collective soit revendiquée comme moyen d'élever le QI de l'humanité en général. Selon lui, la simplicité et les dessins miteux de ces logiciels rabaissent l'intelligence humaine, au lieu de l'accroître. En fait, l'Internet est réputé disséminer de fausses informations. Combien de mails avez-vous reçus l'année dernière, qui vous mettent en garde contre des virus inexistants, qui vous conseillent des remèdes spécieux pour éviter une attaque cérébrale, qui vous promettent de gagner cinq cents euros si vous êtes un des mille premiers usagers à contacter Microsoft ? Les canulars et autres escroqueries sont tellement nombreux sur la Toile qu'il existe aussi des sites Internet[39] consacrés à les démasquer. J'imagine que ce sont précisément ces « filtres » d'intelligence collective dont parlent leurs partisans. N'oublions pas non plus les spams, et les mails qui vous conseillent de « vérifier » votre compte bancaire en « cliquant ici », ou de fournir vos coordonnées pour recevoir les 35 000 000 de dollars qui vous ont été légués par un haut fonctionnaire africain.

Une autre perspective permet de développer un argument contraire à cette vision de déshumanisation et d'escroquerie que je suis enclin à partager avec Lanier : l'optimisme extraordinaire du philosophe Pierre Lévy, un des tout premiers analystes de l'âge de la cybernétique. Son livre, *L'Intelligence collective : pour une anthropologie du cyberspace*[40], publié en 1997, a montré très tôt que nous arrivions à l'orée d'un nouveau mode de communication qui changerait les paramètres sociologiques et anthropologiques de nos relations. À son avis, les espaces civils et matériels seront remplacés non pas par un espace d'informations, mais par un espace de connaissances ; aussi, afin d'assurer notre prospérité future, nous ne devrons pas abandonner notre perspective éthique. Avec un souci des valeurs morales comparable à celui du chrétien anarchiste Jacques Ellul[41], Lévy essaie de faire la différence entre le modèle cumulatif et le modèle distributif de la collectivité. Ce qu'il espère, c'est que l'Internet renversera la vieille tradition hiérarchique catholique d'un système qui place l'Être suprême, source de tout ce qui est bon, au zénith, avec tous ses anges en dessous de lui, et les êtres humains en dessous des anges. Lévy pense que le bien et les actions bénéfiques peuvent être initiés au plus bas de la hiérarchie – au niveau de l'individu – et que, lorsque la matrice de la cybernétique se développera, elle générera une répartition égale de connaissances et, en conséquence, une répartition égale de pouvoir qui touchera presque directement chaque individu. Dans un système de collaboration continuelle, une répartition des connaissances (plutôt qu'une accumulation d'informations) engendrera des édifices de connaissance qui garantiront la santé de notre société.

Pour Lévy, donc, « l'intelligence collective » n'est pas le résultat d'une addition. Inversement, pour ceux qui la considèrent simplement comme une accumulation d'intelligence, elle représente un pas de plus vers l'intelligence artificielle et vers le triomphe du cyborg, dans la mesure où une machine intelligente n'est qu'une entité créée à l'aide de statistiques afin d'obtenir la meilleure performance possible.

Mais est-ce qu'une déontologie humaniste est vraiment nécessaire à l'intelligence d'un cyborg ? Il est vrai que les premiers cyborgs auront une forme d'intelligence qui sera le miroir de la nôtre. Lorsqu'ils nous auront surpassés, qui sait ce qu'ils penseront de notre morale ? En fait, n'importe quel Frankenstein qui serait un mélange d'humain et de machine pourrait mériter le nom de cyborg s'il est capable de « se contrôler ». Selon Chris Hables Gray, l'auteur du livre *Cyborg Citizen : Politics in the Posthuman Age*[42], un cyborg n'est qu'« un système *autorégulateur* qui combine le naturel et l'artificiel en une seule entité ». Et il pousse ce concept plus loin : « Si vous avez été technologiquement modifié d'une façon significative, qu'il s'agisse d'un pacemaker implanté ou d'une vaccination qui aurait reprogrammé votre système immunitaire, vous entrez, de ce fait, dans la catégorie du cyborg. » À son avis, pacemaker ou non, « d'innombrables systèmes mécaniques/organiques cybernétiques n'en sont pas moins implantés en nous... Et certains d'entre nous fusionnent avec ces systèmes d'une manière presque inconsciente...[43] »

Pourquoi ceux qui s'inquiètent que notre transformation en cyborgs se traduise par la perte de notre humanité présument-ils toujours que les cyborgs seraient pires que les humains, et formeraient une petite bande de maîtres cyborgs (semblables aux individus qui « contrôlent » le spectacle), n'ayant aucun égard pour nous et trouvant le moyen de dominer la structure de « l'échafaudage-esprit-corps » ? Je suis frappé par cet exemple d'anthropomorphisme. Devant le développement de notre technologie, les mises en garde contre le « mal » provenant de ce contrôle ont même atteint un stade avancé et désespéré. Par exemple, l'anarchiste extrémiste John Zerzan, héros du mouvement vert le plus radical des États-Unis, dénonce le caractère artificiel et maléfique non seulement de la technologie moderne, mais aussi de n'importe quelle conceptualisation humaine se proposant de construire un échafaudage mental en relation avec le monde extérieur. Il va jusqu'à inclure là-dedans la naissance du langage, le calcul des nombres et l'invention de la propriété privée. D'après lui, ce seraient là les causes de notre expulsion du Paradis et de notre perte complète de liberté. Lui et ses adeptes révolutionnaires rêvent d'un retour, ou d'une régression, à un état présymbolique.

À mes yeux, la question essentielle est celle des relations intimes. Si nous pouvions apprendre à regarder l'espace technologique comme une extension de notre espace humain et non pas comme une cooptation de cet espace par l'ogre technologique, nous pourrions garder notre calme avec la certitude que le nombre de tyrans et de menteurs restera le même. Quand la technologie aura appris à réaliser des modèles des voies synaptiques de nos cerveaux, puis à reproduire la structure moléculaire de nos tissus, peut-être perdrons-nous enfin la nostalgie de ce que nous appelons aujourd'hui « nos corps », mais que nous appellerons un jour « des agencements d'informations ».

5. Hybrots, robots et la théorie d'Uncanny Valley

À l'heure actuelle, notre corps bénéficie davantage de greffes physiques de machines que de liens virtuels avec elles. Dans son livre *Flesh and Machines,* Rodney A. Brooks mentionne quelques exemples[1] : les implantations cochléaires qui lient les neurones directement à la chair, l'implantation de puces dans les rétines, et à l'avenir : la possibilité de liaisons neurales avec Internet, qui irrigueront notre cerveau de connaissances afin de réussir un examen ou de décrocher un nouvel emploi. Apparemment, il suffira d'allumer un interrupteur lié au cerveau pour devenir immédiatement un génie. J'espère que, si on s'en fatigue (cela demande beaucoup d'énergie d'être intelligent), on pourra éteindre l'interrupteur et redescendre à un QI assez bas pour regarder un feuilleton mélo ringard à la télé.

Je viens de décrire deux exemples réels et un exemple hypothétique de l'interface physique de l'électronique et du tissu humain. Mais au cas où vous auriez du mal à croire que la technologie se développe dans cette direction, je dois vous signaler certaines expériences qui se déroulent depuis plusieurs décennies dans différents laboratoires du monde. Sous le nom de fabrication de « réseaux neuronaux désincarnés[2] », ces expériences consistent à relier un réseau de neurones vivants en culture à un périphérique entrée-sortie, afin de permettre aux chercheurs de communiquer avec ce réseau. Autrement dit, ils ont créé de l'intelligence désincarnée. Normalement, les cellules utilisées dans ces expériences proviennent des tissus nerveux d'un rat (et dans un cas seulement, elles ont été obtenues à partir d'un embryon humain avorté). On utilise ces « morceaux vivants » pour étudier dans un environnement contrôlé des aspects du fonctionnement du système nerveux central, ce qui nous fait progresser, je suppose, sur la voie de la séparation de l'intelligence et du corps humain ; en attendant l'expansion de l'intelligence en dehors de celui-ci. Les électrodes attachées à cette petite masse de neurones peuvent transmettre des messages électrophysiques, qui sont enregistrés par les chercheurs[3]. Ce système permet d'obtenir des données concernant les réactions à l'environnement de ces masses de cellules désincarnées.

Mais quel est l'« être » ou l' « objet » qui ressent cette expérience sensorielle ? Quelques cellules de tissu nerveux vivant peuvent-elles équivaloir à un organisme ? Ressentent-elles de la douleur ? Les chercheurs baptisent-ils chacune de ces cellules d'un prénom comme « Jacques » ou « Zizi » ?

Mes anthropomorphismes cherchent, encore une fois, à provoquer et mettre en scène un mélodrame. En réalité, il ne s'agit que de minces couches de neurones de l'épaisseur d'une seule cellule. On ne peut les voir qu'au microscope. Cependant, il est tout à fait vrai que des cellules de fœtus humain avorté ont été employées dans une expérience de contrôle d'un appareil robotique.

De plus, il est possible que ces patchs de neurones, obtenus à partir de cellules souches neurales, soient des individus « déséquilibrés ». Parce qu'ils n'ont pas de corps, ils sont coupés de la plupart des stimulus sensoriels et ne sont pas capables non plus d'exprimer leurs réactions physiologiquement (ils ne peuvent même pas dénigrer leurs tortionnaires). Ils sont pris au piège à l'intérieur d'eux-mêmes. (Je sais que je continue d'anthropomorphiser, mais je ne peux pas m'en empêcher.) Rappelons qu'il est bien connu que la privation sensorielle engendre des modes de comportement « anormaux ». Ainsi les chercheurs doivent-ils parfois utiliser des bloquants synaptiques comme tranquillisants pour calmer ce réseau troublé.

La controverse théorique actuelle à propos de ces expériences concerne la question de la capacité de ces tissus à « apprendre ». Essentiellement, cela suppose la faculté de faire la différence entre l'apprentissage du savoir et la « plasticité ». La plasticité est simplement le remaniement de la configuration des liens entre les neurones, effectués par des stimulus électrophysiques. Elle joue un rôle dans le savoir, mais l'éducation permet aussi « l'acquisition de comportements originaux par le biais de l'expérience[4] », ce qui suppose des interactions (bilatérales, j'imagine) avec l'environnement qui sont, pour les neurones en culture, assez difficiles.

Incarner ces neurones dans un *animat*, ou animal artificiel, peut les mettre dans un meilleur contexte d'apprentissage du savoir. On pourrait, par exemple, produire un *hybrot* (robot hybride[5]), un cyberorganisme qui serait une fusion d'éléments électroniques et biologiques contrôlée par un ordinateur. Steve Potter[6], un professeur d'ingénierie biomédicale de l'Institut de technologie de Géorgie, a déjà réussi cette expérience. La « créature » consiste en une gouttelette de solution de neurones de rat placée sur une puce électronique de silicium dans laquelle sont enchâssées des électrodes liées à un amplificateur. Quand les cellules commencent à lancer des impulsions électriques les unes vers les autres, les électrodes envoient ces signaux à l'ordinateur. Ce processus de capture de « conversations » électroniques entre neurones peut même permettre d'actionner un robot. Et parce que ce robot externe est muni de détecteurs de lumière, il peut accumuler des renseignements relatifs à son emplacement dans l'espace et renvoyer ces données aux cellules. Mais les inventeurs de ce monstre Frankenstein nous mettent en garde : Ne nous emballons pas, leur hybrot n'est pas vivant, il est « semi-vivant ».

Personnellement, cet état de chose me suffit. J'ai l'intention de créer mon premier cyborg, et même s'il n'est que « semi-disponible », ce ne sera pas la première fois que je me trouverais dans une telle situation. Je me contenterais aussi du fait que mon mec ait le cerveau d'un rat, encore une situation qui ne serait pas tout à fait nouvelle pour moi.

Qu'avons-nous obtenu jusqu'à présent ? « Un peu » du système nerveux d'un rat, qui peut être relié à quelques animations robotiques et également communiquer, ou former un réseau, avec des objets situés en dehors de son « corps ». Mais cette « semi-créature » et son « cerveau » ne sont pas très séduisants : j'en ai vu une photo, et un hybrot ressemble essentiellement à la carte mère d'un ordinateur. Ne mérite-t-il pas d'être doté d'un peu de chair ? Heureusement, Disney a trouvé une solution. Peut-être vous souvenez-vous du film *The Absent-Minded Professor*[7], le récit d'un chercheur distrait mais adorable qui invente une substance hyperélastique appelée Flubber. En fait, dans l'esprit de ce film, des professeurs dans les écoles américaines avaient donné à leurs élèves des recettes de Flubber afin de démontrer la nature d'un solide qui possède aussi quelques propriétés liquides. Il suffit d'avoir de la colle blanche, de l'eau tiède, des colorants alimentaires et un peu de borax. Le résultat est viscoplastique, ou gélatineux comme... de la peau humaine !

Profitant de cette riche tradition Disney, l'un des laboratoires de robotique les plus audacieux, Hanson Robotics, a inventé le Frubber[8] (« face » + « rubber »), un polymère élastique qui exige un courant beaucoup plus faible que celui nécessaire à actionner les substances utilisées à l'heure actuelle dans la fabrication de la chair artificielle des robots. Les propriétés du Frubber sont incroyablement similaires à celles de la vraie peau. Il est assez flexible pour simuler toutes les expressions humaines, au point qu'il est théoriquement possible de l'utiliser dans les sculptures prosthétiques servant à la reconstruction des visages de soldats presque totalement défigurés au combat[9].

David Hanson, le dessinateur et chercheur en chef de Hanson Robotics, a expliqué la démarche qu'il privilégie. La difficulté, évidemment, est d'intégrer le Frubber et ces moteurs miniatures avec les tissus, les organes et les conduits sollicités par le visage pour les processus biologiques, la parole et les expressions humaines. Comme Hanson l'a expliqué : « On doit maintenir non seulement l'intégrité des sinus, de l'appareil digestif et des voies respiratoires, mais on doit aussi assurer les fonctions esthétiques du visage. »[10] On commence avec une structure de Frubber qui, au toucher, rappelle exactement l'épiderme. Elle doit être capable de s'étirer et de se comprimer, comme la peau souple du visage. Des pores et des cavités creusées dans le Frubber parachèvent la ressemblance. Puis on attache des tissus plus profonds à cette chair artificielle et on lie les points de jonction aux moteurs insérés dans le Frubber, qui servent de « muscles » pour tirer la « peau » et former des expressions. Finalement, cette prothèse de Frubber, avec ses moteurs et ses détecteurs, doit être attachée chirurgicalement au visage humain et la chair doit accepter la greffe. Peut-être faudra-t-il enfin ajouter dans la prothèse un système de microrobots qui s'occupera d'entretenir les tissus du vrai visage blessé, en le nettoyant et en l'hydratant avec des émollients chaque fois que les détecteurs de ce mini système en détermineront le besoin. Et tout cela sera alimenté par des batteries longue durée de petite taille.

J'hésite à imaginer des situations qui passeraient du sublime au ridicule si ce système hypothétique si complexe avait des ratés ; elles sont trop horrifiantes : écroulement des muscles artificiels en une flaque grotesque, ou des lèvres qui se mettent à bouger beaucoup plus vite que les mots ne jailliraient de la bouche, etc. Mais je veux évoquer ces problèmes possibles pour soulever la question – déjà longuement examinée plus haut – de l'identité humaine. Si on réfléchit sans préjugé à la nature du visage humain, on finit par se confronter au portrait grotesque de notre humanité dépeint dans le film d'horreur classique *Les yeux sans visage*[11]. Notre visage n'est qu'une cage rigide contenant nos organes (y compris le cerveau), voilée par une nappe relativement mince de peau. Autrement dit, quand on s'entretient avec un autre individu de notre espèce, on réfléchit rarement à la composition de son visage, à ce qui est caché sous sa surface cosmétique ; en fait, les individus dont le squelette du visage a les contours les plus saillants – surtout les pommettes – à moins qu'ils ne soient malades, sont, en général, considérés comme les plus beaux (Delon, Deneuve, Dietrich, par exemple). Cette exagération de l'ossature du visage ne le gâche pas à nos yeux ; il reste intact, et nous ne l'analysons pas de façon morbide. Mais que penserions-nous d'un visage artificiel, tel que je viens de le décrire, quel que soit le degré de perfection de l'exécution ? Notre réaction serait de frémir, de considérer ce visage comme un objet construit de toutes pièces. En théorie, la différence ne s'explique que par notre connaissance des méthodes utilisées. Si Dieu a créé le visage, il reste intact, mais si c'est l'homme qui l'a fabriqué, il s'écroule en lambeaux monstrueux dans notre esprit. Peut-être que je simplifie, parce que dans le film *Les yeux sans visage*, nous sommes étrangement attirés par ce masque classique et le « rien » macabre qu'il cache, et il nous faut admettre que le rapport entre les deux n'est pas exempt d'une espèce de beauté.

Est-ce notre instruction religieuse et la notion de « naturel » léguée par notre éducation qui sont responsables de notre peur du mélange entre l'humain et l'artificiel ? Je ne sais pas. Mais je ne suis pas le premier à dire qu'il y a un certain degré de ressemblance humaine qu'un robot ne doit pas dépasser pour que la technologie soit acceptée. Dans la science des robots sociaux, il y a même un terme pour désigner ce principe : c'est « la théorie du Uncanny Valley. »[12] Le *valley* (vallon) est une déclivité sur un graphique représentant la réaction affective d'un être humain devant un robot, lorsque le robot semble trop vivant ; et l'être humain ressent une aversion devant cet objet « troublant » (troublant = *uncanny*). À mon avis, c'est l'idée qu'on puisse mesurer la répugnance à l'aide d'un graphique qui est la plus troublante.

Par contre, dois-je répéter que nos jugements sont influencés par des variables culturelles ? Les expériences qui approchent le mieux la simulation de l'apparence de l'être humain se déroulent semble-t-il au Japon. Est-ce dû à une mentalité malsaine ou superficielle qui confond l'artificiel avec le réel ? Beaucoup d'Occidentaux le pensent. Moi qui ai vécu plusieurs mois au Japon au début des années 1980, je suis convaincu du contraire. C'est un pays qui a, pendant des siècles, respecté les moindres détails de la nature. Leurs habitudes reflétaient une fluidité de vie imitant la nature, et leur architecture traditionnelle, bien sûr, était ouverte aux saisons et n'élevait pas de barrière contre les variations climatiques saisonnières, à l'inverse de l'architecture occidentale. Je crois que, de la même façon, leurs robots hypernaturalistes sont un hommage au naturel. Peut-être est-ce une vision déformée par la vie moderne, mais ce n'était pas voulu dans la mesure où la dualité entre l'humain et la nature n'a jamais existé là-bas. Nous, les Occidentaux, nous essayons de respecter la nature en mettant des limites à l'imitation. Autrement dit, nous préservons les barrières traditionnelles entre elle et nous. Nous définissons le naturel par la séparation.

Au Japon, le célèbre dessinateur de robots Hiroshi Ishiguro vient d'inaugurer son nouveau « robot souriant », Geminold F[13]. Cet androïde est la copie exacte d'une vraie femme très jolie, vingt ans, les cheveux longs ; elle peut rire, sourire et faire d'autres gestes agréables avec une authenticité plus naturelle que tous les autres androïdes d'Ishiguro, y compris une copie exacte de lui-même qui ne sourit pas du tout. Geminold F a fait son entrée dans le monde avec sa « jumelle », la femme qui lui a servi de modèle et qui était vêtue exactement comme elle, puis Geminold F s'est mis à imiter tous les gestes de la véritable jeune fille d'une façon extraordinairement exacte. « J'avais l'impression d'avoir une jumelle », s'est émerveillée la jeune fille au cours d'un entretien avec des journalistes qui assistaient à la démonstration. Geminold F fait partie d'une nouvelle vogue qui consiste à commercialiser des clones robotiques. En janvier 2010, le magasin Sogo & Seibu a passé commande d' « Actroïds », des sosies qui seront programmés pour imiter l'apparence, les expressions, les mouvements et les voix de leurs acheteurs [14].

Hanson Robotics, en poursuivant son projet de simuler la vie humaine de façon sensorielle (à mon avis, c'est tout ce dont il s'agit ; ce ne sont pas des expériences d'intelligence artificielle mais de simulation sensorielle de la réalité), a créé plusieurs « robots sociaux » couverts de Frubber qui semblent très vivants. Chaque fois que ces « êtres » sont exhibés, les médias semblent réagir avec un mélange de fascination, d'enthousiasme, d'espoir et de malaise.

Pour moi, le robot Albert-Hubo d'Hanson Robotics est l'un des plus grotesques. C'est un corps qui ressemble à un robot mais qui peut marcher de façon indépendante, alimenté par des batteries. Le corps est surmonté d'une tête qui a été conçue de façon réaliste sur le modèle d'Albert Einstein. Personnellement, cela me fait peur d'apprendre que les gens qui composent l'avant-garde de notre technologie robotique ont des mentalités à ce point « bande dessinée », sans originalité ni imagination. Évidemment, choisir comme modèle pour un robot à l'esprit si limité l'un des grands génies du vingtième siècle peut sembler fanfaron. Il serait plus pertinent, je crois, de choisir, par exemple, une tête de boxeur légèrement atteint de lésions cérébrales ; Mike Tyson, peut-être ; on aurait ainsi plus de chance d'arriver à un personnage crédible.

Mais il y a pire. Avec un état d'esprit qui ne peut être qualifié que de morbide, ils ont aussi déterré un de leurs héros morts : Philip K. Dick[15]. On peut parler avec monsieur Dick et discuter de ses livres tandis que ses yeux vous suivent du regard. Cela est rendu possible par des appareils photos placés derrière les yeux et reliés à un logiciel d'« identification biométrique » qui peut percevoir les expressions du visage humain et reconnaître dans une foule un individu qui aurait auparavant participé à un entretien avec monsieur Dick. De toute évidence, ils n'ont pas réussi à trouver un emploi très digne pour le pauvre cadavre de monsieur Dick. Comme le reporter l'a remarqué : « À l'avenir, ils pourront peut-être servir d'agents de sécurité. »

Et les émotions dans tout ça ? Aaron Saenz, sur le site singularityhub.com[16], décrit des *replicants*[17] d'une « vraisemblance inquiétante », qui parlent et réagissent comme des humains. Et leur vraisemblance semble d'autant plus inquiétante quand on voit une photo de leur créateur, Hanson, en train de déjeuner avec leurs têtes désincarnées, avec lesquelles il poursuit des conversations amusantes. La question de l'acquisition de « l'intelligence émotionnelle », comme l'appelle Saenz, est bien sûr très controversée. Mais pour Hansen et d'autres chercheurs technologistes, la faculté de suivre le visage humain et d'imiter les expressions humaines est le signe d'une espèce d'empathie. Saenz compare l'apprentissage des émotions par les robots à travers l'imitation avec l'éducation reçue par les enfants immergés dans leur environnement. « Quand des parents donnent naissance à un enfant, dit-il, il serait assez ridicule de s'attendre que l'enfant vive et se comporte immédiatement en adulte[18]. » Pour lui, il est plus logique d'élever des robots comme s'ils étaient des enfants. Ils mûriront comme le font les enfants en observant et en imitant leurs « parents », les chercheurs.

La Commission européenne est du même avis[19] : elle a alloué 8,5 millions d'euros à des savants affiliés à onze universités européennes afin de développer le projet RobotCub, dirigé par l'Italien Giulio Sandini[20]. Normalement, les robots actuels sont programmés avec les logiciels les plus sophistiqués, dans le but de créer, un jour, un cerveau robotique égal à un cerveau humain. Mais les chercheurs du projet RobotCub ne s'intéressent guère aux robots capables de remporter une partie d'échecs contre un champion humain ou de réaliser des opérations chirurgicales. Ils ont décidé de suivre une approche qui recourt à l'éducation pour développer peu à peu la complexité du cerveau d'un robot. Parce qu'au début de leur vie les nouveau-nés sont des créatures complètement dépendantes, incapables même de saisir des objets, les chercheurs ont décidé de donner naissance à un « robot enfant » un peu plus âgé, et de munir leur « fils » de mains et de jambes de la taille d'un bambin qui aurait appris à marcher depuis seulement quelques mois et doté d'un cerveau au niveau de connaissances équivalent. Il faut donc créer un ordinateur capable d'exécuter un ensemble d'algorithmes, mais pas davantage, sauf en ce qui concerne les logiciels pour la vue et la capacité à reconnaître un visage de forme humaine.

Les recherches scientifiques les plus avancées concernant l'assimilation du comportement social et même de la parole se focalisent souvent sur le traitement visuel-moteur et la manipulation des objets. Autrement dit, le bambin doit faire l'expérience de son environnement d'une façon qui, normalement, rend les mères folles. « Nous avons voulu fabriquer un robot possédant suffisamment de mobilité pour reproduire l'apprentissage éducatif vécu par un enfant », affirme Sandini. Il voudrait aussi, j'imagine, que ces étapes soient vécues à peu près dans le même ordre. Comme Sandini l'a expliqué, avant qu'un enfant puisse attraper un ballon en mouvement, il doit apprendre comment mettre et garder le ballon dans son champ de vision, comment déterminer la trajectoire probable de ce ballon et finalement comment entourer le ballon de ses doigts et exercer suffisamment de pression pour le tenir (et pas le détruire comme le font beaucoup d'enfants humains). En fait, pour fabriquer ce robot, ils ont commencé avec les mains et ont construit le reste du robot autour de celles-ci. Ces mains ont des proportions qui en font l'une des plus belles représentations de mains que j'aie vue sur un robot. Il possède aussi un joli masque d'enfant attaché par les chercheurs à la structure de la tête. Globalement, ce robot, ou « RobotCub », ressemble à un Petit Prince hébété, mais à la tête rasée (un Petit Prince skinhead ?), tandis qu'il explore et touche avec hésitation les objets de son royaume contrôlé par ses parents les chercheurs[21].

La vision stéréoscopique du RobotCub vient de deux caméras et d'ampoules oculaires mobiles. Pour ajouter un soupçon d'humanité (pas trop ; on ne veut pas tomber dans l'« Uncanny Valley », ce qui est de toute façon improbable parce que ce garçon ressemble bien davantage à Mlle Yeux Sans Visage), on lui a donné des paupières capables de cligner. Sa bouche est composée de petites lumières qui peuvent sourire ou faire la moue. Pour le sens du toucher, il est doté de détecteurs qui répondent à la pression externe, et l'on est en train d'élaborer une « peau » électronique qui lui permettra de discerner la forme d'un objet et ses autres caractéristiques.

Cependant, ce n'est pas un enfant prodige, et son cerveau ne possède que trois niveaux d'aptitudes correspondant à l'âge de deux ans : un premier niveau permettant de rassembler et de filtrer les données collectées par ses sens, qui représente sa faculté à « être attentif » ; un second niveau fondé sur la fonction de l'hippocampe humain et qui l'amène à prendre des décisions relatives à ses actions ; et un troisième niveau qui utilise, avec un peu de chance, la mémoire pour faire des hypothèses relatives au présent. Le système d'exploitation du RobotCub est « open source », ce qui signifie qu'il n'a pas de marque déposée. Il a été offert aux laboratoires technologiques du monde entier afin qu'ils puissent développer leurs propres logiciels et leurs propres expériences. Son prix ou celui d'un de ses vingt « frères » : de 180 000 à 200 000 euros.

Mais si notre enfant peut grandir comme de vrais enfants, sera-t-il capable trois ans plus tard de parler avec des phrases complètes ? Certains savants disent que non. Le chercheur Oliviero Stock[22], un spécialiste de l'étude de l'intelligence artificielle et de la linguistique, est convaincu que les vrais humains naissent avec une aptitude innée pour le langage. On ne peut pas partir de zéro. Et Alfonso Caramazza, le directeur du Laboratoire de neuropsychologie cognitive d'Harvard, pense qu'il n'est pas possible de créer de la pensée symbolique uniquement à partir de processus sensori-moteurs.

Personnellement, j'estime que l'expérience RobotCub fait avancer le projet de créer un vrai cyborg – un robot humain. Elle relie deux fonctions humaines qui donnent le jour à une troisième : (1) le mouvement et la cognition permettent de reproduire l'expérience de l'éducation et (2) la capacité à apprendre de façon autonome, en commençant en bas de l'échelle et en accumulant une banque de connaissances personnelles, comme le font les êtres humains. Cette expérience se situe dans le cadre de l'esprit antimécanique et humaniste de Pierre Lévy.

Cependant, comme tous les projets relatifs aux robots que nous avons étudiés jusqu'à présent, il s'agit seulement d'une question de cognition, de mouvement ou d'imitation des caractéristiques humaines dépourvues, en réalité, des expériences affectives intérieures, vécues, qui y correspondraient. Et ce qui m'étonne, c'est que bon nombre de chercheurs semblent juger que ces imitations sont l'équivalent d'expériences authentiques ; ou en tout cas relativement significatives. Bien sûr, il existe très peu d'études sur les émotions ou l'imagination humaines parce que les mécanismes qui expliquent ces états sont encore très mystérieux ; ce sont des interactions multilatérales que l'on comprend mal entre les hormones, les systèmes neuromusculaires et certains aspects de la cognition.

Néanmoins, les savants qui réalisent ces expériences, et surtout les journalistes qui les décrivent au grand public, ont toujours tendance à anthropomorphiser leurs sujets, c'est-à-dire leurs machines, et à projeter sur elles des émotions kitsch, alors même qu'ils évoquent un avenir peuplé de nonhumains. De toute évidence, ils ont besoin de ces petites béquilles, de ces assurances enfantines quand, par exemple, ils fabriquent un RobotCub aux traits gracieux de golem idéalisé – mais pas de manière trop réaliste quand même, pour éviter l'effet « Uncanny Valley ». Malgré l'objectivité dont se réclament tous les savants, le sombre royaume des nombres n'est jamais suffisant pour eux. Et si je pouvais, dans ce texte qui est loin d'être scientifique, trouver un moyen de mesurer les impulsions sentimentales de ces chercheurs, et d'interpréter leurs gestes un peu grotesques dans leur quête simultanée des faits, peut-être vous et moi comprendrions-nous aussi les curieux échanges mutuels de conceptualisation affective entre l'homme et la machine.

Je viens peut-être de mettre le doigt sur une idée troublante, mais aussi fascinante, concernant la manière dont nous abordons la Singularité. Nous n'avons aucune intention de couper la poire en deux. Qu'il s'agisse de créer une machine qui nous ressemble, qu'il s'agisse de sacrifier une partie de notre chair à notre matos, nous contrôlons toujours les conditions. Des chercheurs comme Kurzweil chantent les louanges d'ordinateurs qui peuvent cogiter mille fois plus vite que nous, des ordinateurs qui forment des réseaux mondiaux où la communication est instantanée, mais le moment futur où ces objets seront davantage « branchés » que nous, indépendants de nous, et feront en même temps partie de nous, est voilé dans un obscurantisme romantique, voire, d'une certaine manière, purement humain.

Cela explique une chose : pourquoi les chercheurs de RobotCub ne sont pas capables d'« élever » leurs fils robotiques sans les doter de petits souvenirs de notre identité humaine classique – par exemple, des yeux qui clignent et des lèvres qui sourient. Cela explique en partie, aussi, l'angoisse de l'« Uncanny Valley », qui n'est pas de l'angoisse éprouvée face à des machines sur le point de devenir plus humaines mais face à des humains sur le point de devenir plus « machiniques ».

L'étude de notre avenir possible se perd dans une espèce de tautologie bizarre. La méthode scientifique, l'utilisation des nombres et des données pour comprendre tous les phénomènes, est elle-même très « machinique », et, pour rester toujours soi-disant objectifs, nous l'appliquons à l'étude de tous les phénomènes : aux machines et aux humains. Mais parce que nous craignons qu'un élément ne soit perdu en cours de route, nous repoussons toujours notre réalité matérielle et nous essayons de conserver de petites bribes d'humanité.

Ainsi, une somme de données apparaissant dans ces expériences et ces projets n'est pas consignée. On évoque le jour où les machines ressentiront des émotions, mais l'on ne parle pas, ou l'on n'a aucune idée, de nos propres sentiments lorsque nous travaillerons avec un être qui sera notre frère, et peut-être même notre maître, ce qui arrivera dans un avenir relativement proche. Pourquoi n'est-il pas évident – si nous avons la moindre chance de créer un objet doté d'une conscience affective – que nous devrons nous aussi nous préparer à l'idée de nous engager complètement vis-à-vis de cette conscience ? C'est un peu comme si quelqu'un préparait un bain très chaud rempli des produits les plus chers, sans avoir aucune intention de s'y plonger.

Une vidéo relative à l'expérience RobotCub, visible sur Internet[23], montre le « père » en train de taquiner son « fils ». Il tient un ballon devant les yeux du robot, et chaque fois que le petit lève le bras pour le saisir, papa le fait bouger à gauche ou à droite ; le petit continue à lever son bras et à chercher le ballon des yeux, et le chercheur continue à le déplacer hors de sa portée, mais l'enfant évidemment ne se frustre pas. Il est aussi froid qu'un serpent. Par contre, les vrais enfants de son âge, même plus jeunes, connaissent la frustration et peuvent la communiquer. Quand j'ai regardé cette vidéo, je me suis demandé pourquoi on n'avait pas enseigné la frustration au robot. Quand il veut quelque chose (ah, mais non, pas *veut* ; quand il essaie d'obtenir), s'il n'y arrive pas – à la cinquième fois, par exemple –, il pourrait recevoir le message de faire un choix entre un logiciel qui activerait davantage son agressivité et un autre qui lui suggérerait l'inactivité (la passivité). En effet, nous savons que l'expérience de l'environnement par l'intermédiaire des agressions et des frustrations est essentielle pour le développement de la personnalité et de l'intellect des enfants. Mais cette orchestration du comportement aurait aussi une autre valeur : les cycles de frustration et de gratification dans la « vie » de l'enfant-robot formeraient des *boucles d'interaction entre parent et enfant.*

Un des éléments le plus importants a été oublié dans cette étude de la cognition progressive des enfants. Le RobotCub apprend par improvisation, un processus de développement mental très rare chez les machines et très proche de l'évolution naturelle. Malheureusement il manque à cette expérience la contrepartie de l'improvisation : l'improvisation du parent. Ce sont aussi les frustrations, les situations difficiles qui exigent de se hisser à la force du poignet qui caractérisent toutes les atmosphères éducatives, surtout dans le contexte familial. C'est donc très simple. Pour simuler un vrai apprentissage éducatif, on a besoin de l'enfant *et* du parent.

Ce que je suis en train de suggérer, c'est une recherche de l'intimité affective avec les machines. Pour les humains, cela signifie a priori : comment peut-on entrer en contact avec la conscience affective d'un autre, en dehors des méthodes traditionnelles de la psychothérapie, qui dépend essentiellement des caprices du langage et qui met le chercheur dans la position de quelqu'un qui se tiendrait à l'entrée d'une cave, à l'écoute de récits linguistiques affectifs qui s'en échapperaient et qui lui seraient criés ?

Oui, je sais que mon insistance à insérer le chercheur dans l'expérience de son sujet va contre toutes les règles de la méthode scientifique et qu'elle rappelle un certain Dr Jekyll, qui devint lui-même le cobaye de ses dangereuses expériences. Mais une chose est claire, c'est Jekyll, le chercheur devenu cobaye, qui a ressenti la plus grande intimité, qui a fait l'apprentissage de cette expérience de la conscience ; personne ne l'a connue comme lui.

Commençons donc par là : est-il possible de réellement s'engager sur le plan affectif avec les formes d'intelligence artificielle qui existent à l'heure actuelle ? La tentation de fusionner la conscience de l'homme avec celle de la machine est déjà là, mais seulement sous une forme si primitive que les chercheurs se sentent trop gênés pour l'avouer : le masque « bande dessinée » qu'ils ont conçu pour leur RobotCub (un masque qui n'a pour fonction que d'apporter un élément affectif dans leur travail) ; ou, d'une façon plus grotesque, le déjeuner d'Hanson avec les têtes tranchées et ultranaturalistes de ses héros, dont le choix (Einstein, Philip K. Dick) est un hommage léger et amusant mais représente aussi, peut-être, une sorte de peur de la vraie nature de la machine. Je propose quelque chose de plus radical : un lien affectif entre un homme et une machine, permettant de déterminer, enfin, comment une telle expérience affectera la subjectivité humaine.

Peut-être ai-je trouvé la promesse de cette aventure dans les polymères électroactifs. La technologie est employée par une société de Californie du nom d'Artificial Muscle[24]. Au début des années 1990, plusieurs agences gouvernementales ont été déçues par les actionneurs électromagnétiques utilisés le plus souvent dans la fabrication des robots. Pour répondre à leur demande, des chercheurs du Stanford Research Institute ont inventé une substance nommée Electroactive Polymer Artificial Muscle (EPAM). Le concept à la base de cette substance est assez simple. Une mince couche de polymère est placée entre deux électrodes. Parce que le polymère est élastomère, le passage de la charge électrique au travers de cette substance cause une contraction et un élargissement de sa surface. Le mouvement est donc produit sans moteurs électromagnétiques. En fait, c'est un mouvement très proche des contractions et dilatations des tissus musculaires.

Comment pourrions-nous ressentir l'existence d'une machine comme si c'était un être vivant ? Jusqu'à maintenant, les sens de la vue et de l'ouïe étaient les seuls sens le plus souvent partagés avec les machines. Il est possible de croire qu'elles peuvent voir et écouter. J'ai déjà décrit leur capacité à nous faire sentir qu'elles ont conscience de notre présence, et même à nous reconnaître après avoir « fait notre connaissance ». Parce que certains robots peuvent réagir correctement à un vocabulaire limité, ils peuvent « entendre », et ils peuvent aussi nous répondre. Ils peuvent même sentir notre présence à l'aide de leurs détecteurs, mais la sensation de leurs détecteurs ne nous communique pas beaucoup d'intelligence dans le domaine des émotions. Quand on touche la main du RobotCub, on sent seulement le métal froid. Leur toucher manque d'affectivité, il n'exprime rien. En général, les robots ne peuvent pas nous caresser.

Les polymères électroactifs, ou muscles artificiels, nous promettent un avenir où des machines pourront nous toucher avec une grande délicatesse. En fait, une fois que vous aurez assisté au gonflage de ces muscles artificiels, réalisé sans aucun compresseur ni machine pneumatique, vous comprendrez qu'il est très possible de construire des objets qui peuvent nous toucher.

Les polymères électroactifs sont aujourd'hui de plus en plus utilisés dans de nombreuses technologies qui exigent des poussées ou des tractions rapides et sans à-coups, délicates, subtiles, extrêmement miniaturisées et précises. Ils servent aussi dans les valves diaphragmatiques pour pompes, et, plus récemment, pour une centaine de fonctions dans le domaine des *haptics*[25], une technologie qui conçoit des stratégies imitant la sensation d'être touché.

Artificial Muscle, Inc. propose trois types de mouvements « haptics » : une pulsion ; une force qui tire en arrière, tel un diaphragme qui se rétracte lors de l'inhalation ; et une force d'attraction/répulsion suivant une ligne horizontale (par exemple, tels les mouvements faciaux d'un front qui se fronce et se détend). Artificial Muscle a annoncé dans une publicité : « Même sur un écran de verre, un bouton doit ressembler à un bouton, faire le bruit d'un bouton et donner la sensation d'un bouton, afin de donner à l'utilisateur la sensation complète que tout fonctionne correctement. »

C'est ainsi qu'ils envisagent d'animer les objets qu'on croit toujours être inanimés. Voici donc leur vision de l'avenir : « La première échographie est un moment exaltant… Vous pouvez voir et entendre le battement de cœur du bébé, mais quand vous touchez l'écran, vous pouvez aussi le sentir !... Maintenant, imaginez que vous pouvez partager cette expérience en direct avec "grand-maman", qui sentira le battement de cœur du bébé sur son portable[26]. »

À l'avenir, il est certain que nos écrans, nos souris et beaucoup d'autres objets émettront des pressions en réponse à nos actions, pressions qui seront presque aussi subtiles que le toucher d'un être humain. Certains téléphones portables et joysticks le font déjà à l'aide d'air comprimé ou de moteur, mais le haptics est beaucoup plus précis, immédiat et contrôlé, comme un véritable muscle. Avec le haptics et les muscles artificiels, il est possible d'imaginer qu'un jour nos murs et nos portes, et surtout nos robots respireront et répondront à notre contact. Mais il faut comprendre aussi que ces « pressions » couvriront une gamme large, en commençant par des pressions très fortes jusqu'à des pressions qui feront seulement l'effet d'une texture, comme du velours côtelé. Et la capacité à réaliser des mouvements aussi précis changera non seulement nos robots mais aussi certaines parties de notre corps lorsqu'il deviendra possible de remplacer les valves du cœur ou des muscles paralysés.

L'une des expériences les plus radicales avec les polymères électroactifs et le haptics a trait à une étude sur la possibilité d'un vrai lien affectif entre une machine et un être humain. Au centre de cette expérience, le Funktionide. Si cela vous est possible, avant que je n'ajoute quoi que ce soit, suivez l'expérience vous-même en regardant la vidéo du Funktionide sur http://vimeo.com/6960510. Mais pour ce livre, je vais m'efforcer de décrire cette expérience extraordinaire du chercheur et dessinateur allemand Stefan Ulrich[27], qui a coopéré avec la société Festo et les laboratoires suisses Empa pour créer le concept d'un objet qui utilise des muscles artificiels pour donner l'impression qu'il peut sentir.

Le Funktionide d'Ulrich ressemble à un édredon blanc géant à la forme gonflée et molle similaire, en ligne, à celle d'un haricot de Lima. Mais quand ce « tissu » bouge sur le sol, il donne l'impression d'une limace. L'effet est très déconcertant, et fait vraiment penser à un être vivant. La forme change au fur et à mesure que cette créature gonflée avance en ondulant. Un mouvement secondaire évoque tout à fait la respiration. La surface de l'objet se soulève et redescend comme une cage thoracique ou le ventre d'un être vivant.

L'élément le plus étonnant, cependant, est le rapport entre la « créature » et son créateur, Stefan Ulrich, qui affirme que le Funktionide « est un objet autarcique et amorphe qui donne à l'utilisateur l'impression d'une présence pour compenser son sentiment de solitude[28] ». Pour en donner la preuve, Ulrich montre une vidéo où on le voit avec le Funktionide partager des expériences « affectives ». Ou plus exactement, on voit Ulrich établissant un rapport affectif avec cette machine sans squelette d'acier ni moteurs – un rapport qui me frappe comme étant presque à la lisière du sexuel. Le

Funktionide coule lentement sur le sol, jusqu'à la chambre à coucher d'Ulrich, qui accepte que la machine grimpe lentement dans son lit. Puis il la caresse et dort avec elle dans ses bras.

J'ai dit « à la lisière du sexuel », mais cela ne veut pas dire que telle soit l'intention de son créateur. Ulrich n'est pas déshabillé et il n'a que des gestes de tendresse amicale. Il s'agit plutôt d'une sensibilisation progressive aux fonctionnements moteurs de sa création, à sa respiration et à ses mouvements qui se conforment au corps d'Ulrich. Et en explorant le site d'Ulrich, on peut découvrir d'autres concepts, tel un « mur liquide » qui ressemble plutôt à la surface ondulée de la mer et qui, si j'ai bien compris, vous repousse gentiment si vous le poussez. C'est un autre exemple de la perspective choisie par ce créateur, qui prévient sur son site : « À l'avenir, la technologie jouera un immense rôle dans nos vies, et il est très probable qu'un jour elle passera du rôle du simple assouvissement de nos besoins fonctionnels de base, à celui de satisfaire nos besoins affectifs. De quoi sera fait cet avenir ? De quoi souhaitons-nous qu'il soit fait ? Quels seront les effets sur nos rapports humains, si nous nous mettons à tomber amoureux de machines ? Les machines tomberont-elles amoureuses de nous ? »

Comme la plupart des êtres humains, ma réaction au Funktionide a été ambivalente. Beaucoup de gens, après avoir vu la vidéo, ont trouvé malsaine la démonstration d'une relation affective avec une machine. Ils ont posté sur le site des messages contenant des blagues agressives, tels des villageois qui n'acceptent pas que leurs propres idées sur la nature soient remises en question dans leur propre voisinage (comme si ce pauvre dessinateur pratiquait la bestialité). Mais après avoir longuement réfléchi sur ces images d'homme amoureux d'une machine, je me suis rendu compte comment quelques idées à la base de ce concept révèlent une compréhension de notre avenir qui dépasse les fantasmes câlins des chercheurs « objectifs ».

En premier lieu, il me semble assez probable que les machines du futur ne nous ressembleront pas du tout – surtout si leur intelligence dépasse la nôtre. Elles n'auront pas besoin de notre visage ou de notre corps pour être aussi intelligentes que nous, si ce n'est davantage. À l'heure actuelle, la plupart des robots qui exécutent des tâches simples, comme les machines à laver ou les aspirateurs, ressemblent aux machines du passé ; ils ne sont pas dessinés avec de jolis traits humains. Si nous placions les yeux clignotants de RobotCub à la porte d'une nouvelle machine à laver, peut-être nos enfants, qui ne définissent pas encore un être humain d'une façon aussi étroite que nous, apprécieraient l'ajout de ce détail ; mais pour nous, cela resterait une blague.

Nous réservons les détails du corps humain aux robots qui exécutent des fonctions sociales ou intellectuelles et qui servent dans les expériences de laboratoire, ou qui sont utilisés comme jouets par nos enfants. Mais en réalité, l'intelligence des machines n'a pas de silhouette spécifique, sauf dans la mesure où leur forme permet d'accommoder les puces, les transpondeurs, les moteurs et les fils électriques qui composent leurs systèmes.

Le Funktionide est le prototype d'un objet qui n'est pas destiné à nous amuser en prenant l'apparence d'un être humain mais à nous réconforter grâce à son « corps naturel ». Il soulève des questions de forme et de fonction, et évoque aussi un sujet que j'ai rarement vu abordé dans le cadre de mes recherches pour ce livre : la nature des différents types d'affectivité entre humains et machines. Permettez-moi de vous rappeler les déclarations un peu dédaigneuses de Kurzweil sur ce point, que j'ai déjà citées plus haut : « Les machines peuvent combiner leurs ressources, leurs intelligences et leurs souvenirs. Deux machines – ou un million – peuvent se combiner pour devenir une unité, puis se séparer à nouveau. Les machines multiples peuvent faire les deux à la fois : elles peuvent s'unir et se séparer simultanément. Les êtres humains appellent ça l'amour. » À son avis, ce n'est pas seulement notre vie intellectuelle et cognitive qui changera dans notre avenir cybernétique, mais aussi les désirs que nous éprouverons les uns pour les autres une fois que nous serons devenus des machines. Cela trahit sa conception d'une certaine égalité mathématique dans les interactions sociales. À l'heure actuelle, on peut encore affirmer qu'un élément important de l'amour est le manque. Mais dans un monde complètement saturé d'intelligence, cette parabole dangereuse qui met en scène une rencontre chaotique entre deux âmes qui ne sont pas toujours égales n'aura plus lieu d'exister. Il n'y aura plus que des rencontres placides d'intelligences qui entrelaceront leurs énergies selon une structure prédéterminée qui couvrira la terre entière.

Dans cette perspective, le Funktionide peut aussi être considéré comme un robot de transition créé pour alimenter le vaste réservoir de l'empathie que des machines de plus en plus intelligentes, dans leur sagesse infinie, devront nous manifester. Ces robots de transition nous serviront jusqu'à ce que nous ayons atteint un degré de sagesse suffisamment « machinique » qui nous permette de nous rendre compte que l'amour n'est qu'une fonction répartie de façon égale, mettant en scène ses minutieux scénarios de dentelle dans le cadre des méga-institutions universelles : je veux dire par là, sur Internet. Mais pendant que nous, pauvres humains, avons encore besoin de ce bain-marie d'amour, examinons les paramètres du rapport entre le Funktionide et son créateur.

Dans un mail que j'ai reçu de M. Ulrich[29], il m'a dit que le système du Funktionide était effectivement bilatéral. « Le Funktionide est programmé pour éprouver le "désir" de rechercher le contact humain. Il essayera de s'approcher de vous. Il réagira à vos mouvements, ce qui veut dire que, si vous le touchez et le caressez gentiment, il assouplira et amollira sa surface. Par contre, si vous avez envie de lui donner des coups de pied, pour une raison ou pour une autre, ou de le battre, il se rétractera, afin de rétrécir sa propre surface, presque comme un hérisson. »

« À mon avis, la respiration est l'aspect le plus important du Funktionide, ajoute Ulrich. Cela lui permet d'évoquer l'affectivité d'une chose "vivante." L'aspect le plus intéressant de ce projet se situe donc sur ce fil du rasoir moral. Les êtres humains peuvent-ils être attirés par le Funktionide (par des machines) tout en sachant qu'ils sont séduits par une illusion ? »

Alors, sans le savoir, j'ai assisté à une relation masochiste. Apparemment, le créateur n'est pas vraiment aimé de son trésor. Ou bien en est-il aimé ? À mon avis, notre position à l'entrée d'une cave, à l'écoute de récits linguistiques affectifs, que j'ai décrite plus tôt, est le seul modèle possible, non seulement pour les psychanalystes, mais aussi pour deviner si l'amour est réciproque. Il vous aime parce qu'il vous dit qu'il vous aime, et aussi parce qu'il se comporte en amoureux, mais vous ne pourrez jamais mettre directement le doigt sur cet amour enfoui en lui. En fait, nous sommes moins habiles à lire et à interpréter les émotions enfouies dans la profondeur de l'esprit humain, que l'amant du Funktionide ne l'est quand il sent le secret des énergies qui irradient des circuits amorphes de son amoureux.

Il me semble que je pose ici une question à laquelle beaucoup de chercheurs technologistes croient avoir trouvé la réponse : nos émotions sont-elles composées d'autre chose que de stimuli et de réactions ? Si le Funktionide est programmé pour nous rechercher constamment et avidement, si ses muscles artificiels se détendent sous nos caresses, quelle est la différence entre un amant humain et lui (à part de banales confidences sur l'oreiller) ? La seule différence est le fait que nous connaissons, dans le sens de leur signification scientifique, les raisons du comportement du Funktionide – autrement dit, nous savons qu'il s'explique à partir de ses circuits, de ses matériaux et de ses énergies propulsantes – alors que la raison des caresses de notre amant ne nous est connue qu'indirectement, par ouï-dire en quelque sorte. Ce n'est que par perversité humaine que nous trouvons ces dernières plus réelles. Tel est apparemment le point de vue de nombreux technologistes lorsqu'ils tentent de créer des états innés par la simulation d'actions dont on a toujours su qu'elles causaient ces états-là. À l'avenir, d'après le créateur du Funktionide, la « bête affective », nous ferons tous l'autruche, en vivant dans l'illusion narcissique de l'amour de nos machines, un état qui ressemble exactement à l'existence dans… la réalité virtuelle ! Et par une sorte d'alchimie, nos prophètes, les singularistes, ont annoncé qu'au moment où l'expérience de la conscience et le monde extérieur seront devenus virtuels, cette conscience ne sera plus du tout illusoire. Si je comprends bien, la réalité virtuelle cessera d'être une illusion quand elle deviendra notre seule illusion.

En attendant, il me faut dévoiler un fait que j'ai caché jusqu'à présent, mais que je dois révéler pour satisfaire à une morale démodée que j'ai conservée de l'ancien temps. Le Funktionide n'existe pas, même en prototype. Comme M. Ulrich me l'a confié dans son mail : « Malheureusement je dois vous décevoir. Le Funktionide, tel que vous l'avez vu dans la vidéo, n'est qu'un concept, qui a été visualisé à l'aide de la technique d'image par image, en tournant un film avec moi et un grand objet de latex. Les autres SFX ont été produits par traitement de l'image numérique. »

J'ai été déçu, mais en même temps, afin de souligner l'idée, prisée par certains technologistes, que notre réalité n'est formée que d'informations structurées, j'ai décidé de vous raconter le phénomène en suivant l'ordre des événements exactement tels que je les ai vécus. Nous pouvons tergiverser éternellement et nous perdre en conjectures sur la nature de l'émotion humaine et la possibilité de l'implantation d'une forme d'émotion dans les machines (et nous l'avons fait). Peut-être serait-il plus sage de trouver le moyen de nous faire croire que nous sommes en contact avec l'esprit des machines, même si certains pensent que nous ne le sommes pas vraiment. Si nous parvenions à le croire, il suffirait de nous convaincre que les machines aussi pensent que nous le sommes.

6. Liaisons dangereuses

Oublions désormais tous nos efforts héroïques pour humaniser les machines et tournons-nous de l'autre côté du problème : par quels ajustements devrons-nous passer pour nous rapprocher d'elles ? Comme je l'ai dit, il faut couper la poire en deux. Pour montrer ma bonne volonté, ainsi que mon aptitude à devenir un bon cybercitoyen du futur, je vais décrire mes propres efforts pour me rapprocher de la conscience évoluée des meilleures machines. Ces efforts sont multiples, mais peut-être êtes-vous, vous aussi, en train de faire les mêmes concessions sans voir les choses tout à fait de la même façon. Par ailleurs, je peux vous affirmer que toutes les technologies que je vais décrire à partir de maintenant et jusqu'à la fin de ce livre existent déjà, y compris l'élaboration d'un sixième sens.

Pour commencer, il y a la manière dont j'écris ce livre. J'ai heureusement découvert une technique indispensable pour gérer la masse d'informations sur laquelle s'appuient les longs textes. Un livre est un organisme ; la signification de chaque partie dépend des autres. Au final, toutes ces informations sont organisées d'une manière linéaire ; et pourtant un texte, tout linéaire qu'il puisse paraître, est une constellation : des principes mis en relation, qui forment une structure complètement différente de celle qui correspond à la suite des pages ; des notes qui appartiennent à plusieurs passages à la fois ; des phrases ou des paragraphes supprimés qui peuvent retrouver leur valeur n'importe où et peut-être dessiner des perspectives complètement nouvelles ; des recherches approfondies qui semblaient, au début, cruciales, et qui soudain se réduisent à une seule phrase utile, voire même à plus rien du tout. Autrefois, c'étaient les éléments physiques du processus d'écriture qui rendaient possible l'organisation. Un tas de fiches comprenant une seule idée ou une seule source, des fiches qui pouvaient être arrangées et réarrangées comme on le voulait ; des révisions visibles, faites au crayon sur les feuillets de la première ou deuxième mouture.

Avec les ordinateurs et les logiciels de traitement de texte, rien n'est plus pareil, pour la plus grande consternation de bon nombre d'écrivains. Le processus de création a été englouti et accéléré par les machines : les différentes moutures et versions sont mélangées, les notes se retrouvent rassemblées dans un autre fichier qu'il vous faut ouvrir, il n'est plus possible de reconsidérer une note ou un mot supprimé qui semblait mauvais il y a une heure mais qui pourrait maintenant reprendre de la valeur.

Un logiciel comme Ulysses[1] a changé tout cela. Ses créateurs ont compris que le processus de création n'est ni très logique ni unidirectionnel. Avec ce logiciel, votre texte est au centre de la fenêtre de l'écran. Les variations de caractères et de style ne sont pas permises ; on ne peut pas les indiquer, ni non plus la séparation des pages. On ne peut que continuer à écrire ; parce qu'on est seulement en train d'écrire, on ne peut pas écrire et éditer en même temps. Tous les chapitres déjà terminés de votre livre sont là, indiqués par une étiquette en haut de l'écran. En cliquant sur une étiquette, on fait apparaître le chapitre correspondant, ce qui cache temporairement les autres chapitres.

À droite de la fenêtre du texte qu'on est en train d'écrire se trouve la colonne de notes : toutes les notes sont en permanence devant vous (chaque note est rétractable, on n'en voit alors plus que la première ligne). Pour ajouter une nouvelle note, on clique sur +. Mais il y a aussi plusieurs niveaux, ou catégories, de notes, chaque catégorie étant empilée l'une sur l'autre ; et tous les niveaux sont immédiatement disponibles en un seul clic.

Finalement, dans la colonne de gauche se trouve le navigateur, qui indique la liste de tous les chapitres, donne les premières lignes de ceux-ci et permet une recherche globale de mots, termes et phrases.

Pourquoi me suis-je donné la peine d'expliquer tout cela ? Parce que c'est un bon logiciel ? Oui, mais ce qui est plus important, c'est qu'il s'agit d'un exemple admirable de la carte de mon cerveau, organisée en fonction des énergies et des processus de ma créativité. Sans effort, mon cerveau et ce logiciel deviennent des partenaires, et l'utilisation s'effectue de façon tellement fluide que la frontière diminue peu à peu entre le logiciel et mon esprit. Pour renforcer cet effet, et pour bannir toute distraction, on peut aussi cliquer sur une icône qui noircit l'écran ; toutes les fenêtres du logiciel disparaissent alors, et il ne reste que les signes lumineux de votre texte.

Pranav Mistry, l'un des inventeurs du stupéfiant logiciel SixthSense, dont je parlerai bientôt, utilise l'expression « staying in the flow[2] » (rester dans le *flow*, voir ci-dessous) pour décrire ces liens fluides entre les logiciels et le cerveau. Et comme je deviens de plus en plus sensible à la signification de cette tendance dans la nouvelle technologie consumériste, je me rends compte que les opportunités de mise en relation cerveau-logiciels se multiplient autour de moi. Pour élucider ce concept, Mistry se réfère au maître du taoïsme, Zhuangzi, évoquant cet état d'esprit : On arrête de penser et on ne fait que faire.

Au fil de ses recherches à l'Industrial Design Center, à l'Indian Institute of Technology de Bombay, Mistry a essayé de découvrir les meilleurs éléments permettant de créer cette forme de concentration. Sa conclusion est la suivante : au moment où une personne prend conscience qu'elle exécute une tâche, les liens fluides entre les logiciels et le cerveau, ce qu'il appelle « les interfaces humain-ordinateur » sont rompus. La rupture a lieu quand la métaphore entre une activité humaine et une activité numérique perd son pouvoir.

Normalement, les créateurs de logiciels s'inspirent de métaphores pour représenter les fonctions.

Par exemple, la métaphore concrète d'un « fichier » – et de son icône – est utilisée pour indiquer les subdivisions du disque dur d'un ordinateur ; et l'expression « faire défiler vers le haut ou vers le bas » sert de métaphore pour le changement de position d'un texte sur l'écran. L'utilisateur est encouragé à penser qu'il fait quelque chose de concret, comme travailler avec un rouleau de parchemin qu'on peut faire défiler ou dérouler. Le but de ces métaphores est d'éliminer la dissonance entre notre monde matériel, où les tâches sont exécutées à l'aide d'objets familiers (un fichier) et selon des actions familières (faire défiler), et le monde numérique, dans lequel les éléments sont purement numériques. « Nous avons observé que les outils de la vie réelle, comme un stylo ou un marteau, étaient presque devenus un prolongement du corps », remarque Mistry.

Quand on exécute une tâche physique et familière, chaque élément de cette action apparaît normal et banal. Notre conscience oublie les multiples détails infimes du travail, et l'on est « in the flow ». Mais quand vous êtes sur un ordinateur au portail du journal *Le Monde*, par exemple, la nécessité de cliquer tout le temps et de faire défiler l'écran vous sépare de l'expérience habituelle de la lecture du journal. Les liens fluides d'interfaces entre être humain et ordinateur sont coupés, expérience qui nous fait perdre la sensation de réalité. Et ce n'est pas à cause du degré de difficulté de ces gestes, dit Mistry : « Simplement les concepts de facilité d'utilisation, la minimisation de la quantité de mémoire ou autres fardeaux cognitifs (comme les difficultés cognitives provoquées par les mauvais logiciels) ne sont pas suffisants pour assurer ces liens fluides. »

Je peux citer plusieurs autres logiciels qui, à mon avis, présentent la même fluidité que Ulysses. Par exemple, l'édition la plus récente de iPhoto pour Macintosh et son dispositif de reconnaissance des visages. Si on souhaite organiser ses photos en fonction des personnes photographiées, on « montre » une ou deux photos de cette personne au logiciel et il essaie de trouver toutes les autres, pour créer, par exemple, un fichier qui ne contient que des photos de « Jean ». Le logiciel commet, certes, encore beaucoup d'erreurs. J'ai même trouvé plusieurs fois la photo d'une vieille dame dans le même fichier que celui de mon neveu de six mois, mais au vrai, ils se ressemblent assez. L'intérêt de ce logiciel pour moi est le fait que l'ordinateur peut répertorier l'information d'après les contours du visage humain (ou, en tout cas, essayer de le faire). C'est un exemple de reconnaissance de forme, une démarche identifiée par les psychologues comme un processus mental complexe et typiquement « humain ».

À l'heure actuelle, Google est en train de développer un service similaire du nom de Goggle (« lunette de plongée »). Le concept permet à l'utilisateur de faire une recherche Internet par l'entremise d'une photo de l'objet sur lequel on cherche un renseignement. Imaginez, par exemple, que vous soyez dans un musée et que vous souhaitiez obtenir davantage de renseignements sur un tableau. Vous prenez une photo du tableau, et Goggle vole à travers la Toile pour chercher des images qui lui ressemblent. Un bibliothécaire ou historien virtuel, en quelque sorte.

Autre exemple de reconnaissance de forme, le logiciel (ou « app », comme on dit aux États-Unis) Shazam, pour l'iPhone. Si on entend de la musique à la radio, sur les enceintes d'un ami, dans un restaurant pas trop bruyant, et si l'on veut connaître le titre de ce morceau de musique, on soulève l'iPhone pour bien enregistrer quelques mesures, et le logiciel explore Internet pour trouver une musique qui lui ressemble. Vous pouvez ensuite identifier la mélodie. Un logiciel similaire, Soundhound, peut aussi enregistrer votre voix en train de chanter la mélodie, puis il identifie la chanson. Chacun des deux logiciels n'a besoin que de quelques secondes ; imaginez la quantité de travail nécessaire pour retrouver ce fragment parmi les milliers de morceaux de musique disponibles sur la Toile. Mais ai-je mentionné qu'on vous propose également d'acheter le CD de cette mélodie, et tout aussi vite ? On le voit bien, le chemin qui mène à la Singularité n'est pas exempt de motivations financières. Encore une fois, la magie de ce logiciel tient à son aptitude à imiter nos techniques mentales de comparaison pour obtenir de nouvelles informations. Le fait que le logiciel se comporte d'une manière humaine implique une complicité avec nous, qui, estime Mistry, est le signe de sa valeur

– une valeur qui ne se limite donc pas à sa facilité d'utilisation.

J'ai vécu d'autres expériences « fascinantes » avec des logiciels. Mais je dois reconnaître que je ne suis peut-être pas un bon exemple. Ces huit dernières années, j'ai fait plusieurs expériences intimes d'interface humain-ordinateur que je ne peux pas rectifier. Je me suis laissé « engloutir » par mon ordinateur d'une façon que je ne pourrais pas qualifier de saine. À mon avis, quand on a des problèmes légèrement obsessionnels et compulsifs, on a peut-être tendance à tomber dans de telles situations. En plusieurs occasions, je me suis mis à trafiquer avec mon ordinateur pour des raisons pas très claires, j'ai trouvé de petites difficultés dans le logiciel qui m'ont paru intéressantes et... quand j'ai finalement levé les yeux de l'écran, plus de seize heures avaient passé ! J'avais l'impression de m'y être mis deux ou trois heures plus tôt à peine.

Je suis toujours bouleversé par ce genre de prise de conscience de la disparition temporaire du sens du temps. D'où cela peut-il venir ? J'avancerai la théorie que plus le logiciel est assorti à nos rythmes mentaux, plus sa présence est invisible. On ne fait pas attention aux intervalles de temps de notre respiration ou de notre pulsation cardiaque, n'est-ce pas ? Si, par exemple, les répétitions exigées par le logiciel sont similaires à ces rythmes, vous tombez dans une transe qui ressemble à l'état dans lequel on plonge en écoutant de la musique ou en dansant. Certaines formes d'accumulation d'information sont similaires à une certaine façon de penser. Pour moi, il s'agit toujours de logiciels qui forment comme une série de nœuds qu'il faut défaire pour construire un lien permettant de reconstituer quelque intégralité primordiale ; au fur et à mesure que le point culminant ou l'apogée du processus se rapproche, l'attirance devient de plus en plus forte. Les logiciels les plus alléchants retardent le plus possible cette gratification au fur et à mesure qu'elle se rapproche. Sur un graphique, l'expérience serait représentée par une courbe qui diminuerait de plus en plus mais ne toucherait jamais l'axe, exactement comme l'avènement de la Singularité !

De tels compromis ne sont pas mauvais en eux-mêmes, mais ne serait-il pas magnifique que l'interface métaphorique soit un peu resserrée, que ces représentations de notre cerveau sur l'ordinateur puissent se rapprocher un peu plus de nous ?

Le 11 février 2010, j'ai commencé mon voyage sur une vraie interface sans fil qui reliait mon cerveau et l'information donnée par un ordinateur, et je me suis mis à faire des expériences avec un objet appelé l'« Emotiv[3] ». J'ai tenté de lancer des opérations sur mon ordinateur sans utiliser ni clavier, ni souris, ni même ma propre voix ou tout autre signal, à l'exception des ondes du cerveau. Pour cela, j'ai acheté, il y a quinze jours, la version commerciale d'un casque sur le site www.emotiv.com. Appelé « interface personnelle pour interaction entre être humain et ordinateur », ce casque est doté de quatorze détecteurs en or avec des bouts de coton trempés dans une solution saline stérile normalement employée pour les verres de contact. Ces détecteurs humides sont enfoncés dans le casque (qui est serré), et lorsqu'on le met, ils touchent la tête de façon à recevoir les ondes du cerveau. Par ailleurs, le système de positionnement gyroscopique du casque analyse en continu la position de votre tête.

Presque tous les jours, pendant une heure (rester plus longtemps me donne un mal de tête épouvantable), je m'entraîne avec mon casque. J'ouvre la boîte en plastique qui contient les quatorze petits détecteurs et leurs bouts de coton trempés dans le liquide salé, et j'enfonce doucement chaque coton dans le bout creusé de l'un des quatorze tentacules du casque, sept détecteurs se trouvant de chaque côté. J'allume ensuite le casque (il fonctionne avec des piles) et si une lumière bleue s'allume, cela signifie que tout est en ordre. Puis je prends un petit boîtier et je l'insère dans un port USB de mon ordinateur. Le boîtier forme un lien sans fil avec le casque et dès qu'un logiciel du nom d'EmotivEpoc se met en marche sur mon ordinateur, une représentation schématique du sommet d'un crâne humain apparaît. Chaque détecteur est représenté par un point sur le graphique du crâne, de couleur verte s'il est dans la bonne position. Une fois vérifiés la position de tous les détecteurs et le fait qu'ils soient bien en communication avec le boîtier et le logiciel, je commence mon entraînement. La première phase, l'Expressiv Suite, est la plus facile. Je me trouve en face d'une représentation bien dessinée d'un visage humain.

Le Mouse Emulator (« émulateur de souris ») utilise la souris pour exploiter les capacités gyroscopiques du casque Emotiv. Si je cligne des yeux, une animation sur l'écran fait cligner des yeux en même temps au visage. Si je souris, le visage sourit. Si je regarde à gauche le visage fait la même chose, etc. En répétant chacun de ces mouvements, j'en arrive à un point où la réaction n'a lieu que lorsque je la veux mentalement, et rien ne bouge entre-temps. Je dois faire preuve de beaucoup de sensibilité et de contrôle dans le déplacement des muscles de mon visage. Le but est de former une interface interactive parfaite entre mon visage et le visage de l'écran.

Lorsque j'y suis parvenu, je me mets à attribuer des points de repère numériques à ces minigestes. Par exemple, je peux exiger que le curseur clique sur la touche « entrée » chaque fois que je serre les dents. Je peux déplacer le curseur en ligne droite vers le haut ou vers le bas avec de tout petits mouvements du visage.

La deuxième phase de l'entraînement consiste essentiellement à renforcer ma concentration et à libérer mon esprit de tout conflit, afin d'atteindre l'état mental le plus favorable à la transmission des ondes du cerveau les plus claires. Je vois un graphique composé de trois lignes plus ou moins parallèles, progressant de droite à gauche. Elles représentent, respectivement, mon engagement mental (ou mon attention), mon excitabilité et mon niveau de méditation. D'une façon générale, le but, je crois, est de me concentrer le plus possible tout en étant le plus détendu possible, afin de garder un fond clair sur lequel les ondes peuvent se manifester. Je pense que l'Affectiv Suite est vendu avec ce produit afin d'encourager la discipline mentale de l'utilisateur et d'éviter un état d'hyperkinésie. En cas d'hyperkinésie, de trop nombreuses ondes cérébrales sont émises par l'appareil, et les exercices suivants échouent.

L'expérience principale de l'entraînement avec l'Emotiv, qui est aussi la plus passionnante (et la plus controversée, ou douteuse, disent certains), est la Cognitiv Suite. On vous montre l'image d'un petit cube orange et blanc. Le but est de développer des techniques qui feront bouger le cube de façon variée, sans avoir besoin de toucher le clavier ou la souris, mais en utilisant les ondes cérébrales, c'est-à-dire les pensées. On commence par plusieurs courtes séances pendant lesquelles on ne pense à rien en particulier, pour que le logiciel se fasse une idée de la nature de vos ondes cérébrales aléatoires et ne les confonde pas avec de vrais messages. Après plusieurs séances de ce type, on choisit une commande pour plusieurs mouvements possibles – par exemple : « poussez » (mon geste le plus réussi jusqu'à présent). On clique sur le mot TRAIN (« s'entraîner ») et puis on essaie de visualiser l'action du cube que l'on est en train de pousser. On répète ces sessions jusqu'à ce que la visualisation fasse bouger le cube pour de bon, selon le type de mouvement qui a été choisi.

Comme on peut le lire dans les conversations sur le site emotiv.com, les enfants et les personnes âgées semblent être ceux qui réussissent le mieux ce genre d'entraînement. Le cerveau doit être libre de toute autre pulsion ou de tout conflit avec la visualisation du mouvement. Si on peut vider son esprit de toute autre pensée et entrer dans un léger état de transe, puis visualiser l'acte de pousser le cube, on peut réellement apprendre à le faire bouger, la plupart du temps.

Il y a déjà longtemps, en 1967, le chercheur Edmond Dewan a publié un bref compte-rendu d'une méthode de création d'informations linguistiques par l'entremise des ondes cérébrales[4]. Dewan et plusieurs autres chercheurs ont mis au point un système capable de moduler les rythmes des ondes alpha dans le cerveau, en les suscitant ou en les arrêtant à volonté. En général, les ondes alpha sont interrompues par les états d'attention, et ne se manifestent que pendant les états de relaxation. Par leur déclenchement et leur interruption, Dewan fut capable d'élaborer son propre code pour signaler les lettres de l'alphabet. Des expériences ultérieures démontrèrent que le locus de l'attention influençait les mouvements de l'activité alpha. Être attentif à un côté de votre champ de vision diminue l'activité alpha d'un des côtés du cerveau, et vice versa. Toutes ces idées sont à présent en cours d'application dans un projet de services de renseignements militaires intitulé « MURI : Synthetic Telepathy[5] ». Les chercheurs voudraient déterminer si un mouvement d'ondes peut être lié directement à une prétendue « parole dissimulée », autrement dit, à la pensée, ou à la simple idée d'un mot.

Avec l'Emotiv, une fois qu'on a réussi, par la pensée, à faire exécuter au cube des actions de difficultés variées, on peut assigner des opérations à chaque action. Par exemple, « poussez » peut être utilisé pour cliquer sur le curseur, et « levez » pour le faire défiler. Puis on peut aussi s'essayer aux jeux vidéo. Mais ce que l'Emotiv offre de plus intéressant, c'est un logiciel de traitement de texte qui fonctionne par mappage des ondes cérébrales sur certaines combinaisons d'opérations. Ce peut être aussi simple que d'écrire le signe « :) » dans un mail, qui rappelle le véritable geste du sourire, ou aussi compliqué que de lier un seul geste à une série de frappes de clés, par exemple, pour apposer votre signature.

Génial ! Mais quelles sont les utilisations sérieuses de tels appareils ? J'ai résisté à la forte tentation de prétendre que j'avais écrit ce livre entier sans bouger, en utilisant ce logiciel de traitement de texte. Cela aurait constitué une merveilleuse illustration de mon propos. Malheureusement, tel n'a pas été le cas ; car si oui, le travail aurait été vingt fois plus long. Les interfaces sans fil cerveau-ordinateur, néanmoins, possèdent de sérieux avantages, tels que l'amélioration des conditions de vie des personnes paralysées. Imaginez que le fameux journaliste Jean-Dominique Bauby, ancien rédacteur en chef d'*Elle* aujourd'hui défunt, ait pu disposer de l'un de ces appareils. Dans son journal *Le Scaphandre et le Papillon*[6] (1997), il raconte comment une attaque cérébrale l'a totalement paralysé, le laissant dans un état qu'on appelle « la maladie de l'emmuré vivant ». En 1995, il se réveille d'un coma de vingt jours, complètement paralysé, tout juste capable de quelques petits mouvements de la tête, et de cligner d'un seul œil. En clignant de l'œil gauche, il lui a fallu dix mois pour écrire son livre avec l'aide d'une transcriptrice qui lui récitait l'alphabet dans l'ordre des lettres les plus fréquentes, tandis que Bauby clignait de l'œil à la bonne lettre pour qu'elle écrive le mot qu'il voulait. Si Bauby avait eu la chance de bénéficier d'un casque Emotiv, il aurait bien sûr pu accomplir sa tâche en tapant son livre directement à partir de ses pensées, à l'aide de ses ondes cérébrales et d'un ordinateur.

Ce n'est pas que les objets se déplacent sur l'écran de l'ordinateur en réponse à la pensée, mais que les ondes de la pensée forment un modèle, ou une métaphore graphique, à laquelle le logiciel apprend à réagir d'une certaine manière. Le modèle de chaque geste, défini par les informations cumulatives de ces ondes cérébrales rassemblées au fil des entraînements, devient de plus en plus raffiné. Par contre, pour l'Affectiv Suite, les lignes graphiques sont évidemment fondées sur des valeurs fixes, dérivées de la moyenne approximative des modèles d'ondes du laboratoire, réalisées à partir d'un certain nombre de sujets. Quoi qu'il en soit, le logiciel réagit aux métaphores élaborées par les ondes du cerveau et liées aux pensées, pas aux pensées elles-mêmes.

Nous avons déjà examiné cet univers : un monde spectral où tout est représenté métaphoriquement, autrement dit « la réalité virtuelle ». Notre voyage vers l'interface totale être humain-ordinateur est une sorte de séduction qui nous entraîne vers la Terre des Métaphores. Au fur et à mesure que nous nous dépouillons de cette conscience traditionnelle pour laquelle les choses matérielles sont « la vraie réalité », les interfaces variées qui représentent la réalité (ou non-réalité) numérique deviennent de plus en plus importantes. Dans cette interprétation de la réalité, le monde virtuel des singularistes représente le triomphe de la métaphore. Ce ne sont pas nos pensées qui dominent le monde, mais leurs schémas numériques.

C'est un dilemme fascinant : Platon nous a vivement conseillé d'abandonner le royaume illusoire et trompeur du monde matériel pour embrasser ce monde de « formes » invisibles, ou des Idées abstraites. Pour Platon, les choses matérielles étaient des copies fades de la réalité, et les formes invisibles représentaient les vérités absolues. Les ordinateurs se posent presque la même question, mais seulement si on accepte que les formes platoniques soient mathématiques, voire numériques, autrement dit des interfaces mathématiques. Certains philosophes anciens, comme Euclide, ont fondé leurs vérités sur un credo de formes mathématiques. Je me demande seulement ce qu'ils auraient pensé du système numérique que nous utilisons aujourd'hui, qui se veut une représentation du réel et en même temps le réel, et qui est une forme de pointillisme numérique. Mais peut-être suis-je injuste, dans la mesure où le type de nombres que les Grecs auraient à affronter aujourd'hui sont des unités de matière si minuscules qu'ils existent à la lisière de l'énergie et de la matière, et ces particules ne peuvent être converties en métaphores qu'à travers leur agencement informatique. Les particules élémentaires de notre monde discréditent le drame des anciens temps dans lequel la substance s'oppose au monde sans substance ; la destruction de cette antique polarité semblant annoncer aussi l'avènement de formes idéales, où tout dépassera même la vitesse de la lumière et, pour cette raison, se transformera à tout jamais en pure information.

Je parle, bien sûr, de la mécanique quantique, une discipline qui n'étudie, en réalité, que le manque de substance, et qui est fondée sur la découverte que les particules subatomiques sont des paquets individuels d'énergie ayant les caractéristiques d'une onde, une condition qui semble très favorable à la transformation de la matière en intelligence.

La pratique de la mécanique quantique nous amène aux « répliques », ces copies exactes qui seront nécessaires à l'invention des vrais androïdes. Pour réaliser une réplique d'un cerveau humain, par exemple, qui soit de la même taille et soit aussi « portatif » que l'originel, il faut transporter l'information nécessaire à chaque photon et à chaque électron de nos atomes, un par un, vers leur nouveau domicile. Ce qui est le plus extraordinaire, c'est que les chercheurs ont déjà commencé à réaliser cela. Mais mettre en œuvre la « télékinésie quantique, » ainsi qu'on l'appelle, pose des problèmes. Si ce n'était pas le cas, les télékinésies de Star Trek ou du premier film intitulé *La Mouche*[7] (dans lequel un savant québécois est suivi par une mouche dans une cabine de télékinésie et ressort avec la tête de cette dernière) seraient des événements quotidiens. Le problème principal est posé par le « principe d'incertitude » de la mécanique quantique, qui postule qu'aucun processus de scanographie ou de mesure ne peut extraire toute l'information d'un objet avant que l'état original de l'objet ne soit trop perturbé, ce qui empêche la création d'une réplique parfaite[8]. Mais en 1993, une équipe internationale de savants conçut un moyen détourné permettant la télékinésie quantique en faisant appel à l'enchevêtrement de trois particules. En bref, ils ont passé au scanner une partie de l'objet A, ont transmis l'information de la partie de l'objet A qui n'avait pas été passée au scanner à l'objet C au moyen d'un intermédiaire qu'on peut appeler l'objet B, alors que celui-ci avait déjà été en contact avec l'objet C – ce qui permit la création d'une représentation parfaite de l'objet A. En fait, à ce point-là, l'objet A était dans un pire état que le mec à la tête de mouche ; en fin de compte, l'objet était totalement bousillé et ne ressemblait plus du tout à ce qu'il était à l'origine. C'est la raison pour laquelle on parle de télékinésie et non pas de réplication. Autrement dit, vous serez mort avant qu'on puisse donner naissance à votre réplique.

En 2009, des chercheurs de l'université du Maryland ont fait un pas extraordinaire dans l'avancement de la télékinésie[9]. Pour la première fois de l'histoire, ils ont réalisé la télékinésie non pas d'une particule mais d'un atome entier. Cette expérience ne signifie pas nécessairement qu'à l'avenir les atomes de notre corps et de notre environnement pourront être réarrangés, mais c'est un pas de géant vers la possibilité de créer un ordinateur quantique, qui serait des milliers de fois plus puissant que les ordinateurs d'aujourd'hui. De plus, alors qu'un ordinateur aux puces de silicium fonctionne par l'opposition de bits qui existent dans l'un de deux états (0 ou 1), un ordinateur quantique peut utiliser des bits quantiques, ou « qubits », dans des états multiples et simultanés ; ce qui le rend capable d'obtenir des configurations beaucoup plus détaillées, non limitées à 0 ou 1 ; en fait, il pourrait effectuer un million de calculs simultanés.

Si un ordinateur quantique vraiment utilisable pouvait être construit, il saturerait très vite l'Internet entier ; et déborderait notamment tous nos efforts pour encoder l'information. Cela pourrait signifier la fin de toute information dissimulée. Une telle transparence absolue pourrait, éventuellement, être considérée comme marquant l'avènement d'un siècle des Lumières suprême, un éclaircissement total, débarrassé de tout obscurantisme. Mais une chose est sûre : l'état de Singularité doit passer par ce niveau subatomique. Quand j'ai décrit les foglets, je cherchais à représenter la réorganisation de la matière en termes un peu plus tangibles (dix trillions de septillions de fois plus tangibles, je suppose, parce que je suis resté au niveau atomique, et pas subatomique), mais la véritable re-création du plan du monde externe et de nos esprits doit commencer d'une façon plus élémentaire et plus minuscule.

Si on examine en profondeur les principes de la mécanique quantique, on est frappé par l'impression que presque toutes les certitudes du passé sont en train d'être démystifiées. Quand on change une dualité comme 1-0, dont on pensait qu'elle était le fondement de l'avenir cybernétique, que nous reste-t-il ? C'est difficile à dire, dans la mesure où la mécanique quantique elle-même englobe de nombreux éléments intangibles pour nous mais qui dérivent de formules logiques et qui, tel le principe d'incertitude, semblent renverser les concepts « raisonnables ». Quand les certitudes sont pulvérisées sémantiquement et perdent leur statut de choses matérielles, qu'est-ce qu'il reste ? À mon avis, seule leur interpénétration. Peut-être la véritable nature de la Singularité réside-t-elle là. Davantage qu'une prise de pouvoir par les machines, c'est-à-dire quelque chose que les partisans aussi bien que les ennemis de la Singularité ont tendance à conceptualiser, peut-être s'agit-il de la fin de tout mimétisme, de la fin de cette ancienne guerre où celui qui imitait et celui qui était imité luttaient pour devenir la signification suprême. On n'a pas besoin d'un radical comme Zerzan pour mettre fin à la conceptualisation. Cela viendra naturellement.

Et pour moi, c'est un signal de paix. Pendant combien de siècles l'homme s'est-il opposé à la nature, qui n'est autre que notre conception du monde externe. Il serait délicieusement ironique

que nos tentatives les plus ambitieuses de maîtriser le monde externe – la technologie – nous mènent à un stade où les oppositions qui créent notre monde mental s'écroulent. Et cela conduirait aussi à une trêve entre les guerriers de l'avant-garde de la technologie, avec leur vocabulaire évangéliste, et les cyniques qui ont tendance à appeler « gadget » tout progrès auquel ils sont confrontés.

Il faut tout de même avouer que notre avenir est plutôt confus. Dans son livre *Futurehype : The Tyranny of Prophecy* (*Battage autour du futur : la tyrannie de la prophétie*)[10], publié en 1992, le sociologue Max Dublin fait la liste d'une multitude de prédictions technologiques qui se sont révélées totalement fausses, et affirme que les prédictions des futuristes contemporains – pleines de scientisme, fanatisme et nihilisme – subiront le même destin que les religions millénaires et le communisme. Face à ces graves doutes, d'autres intellectuels imaginent les avenirs les plus incroyables. Par exemple, inspiré par les écrits de Teilhard de Chardin, Frank Tipler[11] nous assure que l'effondrement de l'univers dans des milliards d'années pourrait mener à la perpétuation de l'homme dans une réalité simulée par un méga-ordinateur. Ken Hayworth, un chercheur de l'université Harvard[12], préconise une « Déclaration des droits de l'homme pour le téléchargement de son cerveau », un manifeste qui exige que nous ayons tous droit à ce que notre cerveau soit coupé en tranches minces, gelées, et servies à un ordinateur, qui conservera notre conscience pour toujours. Mais peut-être tout cela semble-t-il anodin lorsqu'on apprend que Kurzweil a annoncé en 2009 son désir de construire une copie génétique de son père à l'aide de l'ADN obtenu dans sa tombe par des nanobots, et des souvenirs qu'il garde de lui [13].

Quand je lis de telles déclarations, je ne peux m'empêcher de penser à la volonté de nombreux futuristes de contrôler tout, pour construire un monde composé de leurs fantasmes, avec l'excuse que ces constructions auraient une signification universelle. Ce sont les mêmes gens qui rêvent d'un futur dans lequel les humains pourront accélérer leur propre évolution. Mais étrangement, ils oublient que, selon leurs propres déclarations, cette accélération nous dirige vers le délaissement du sujet autonome au profit d'un but plus avancé, un changement qui doit modifier la signification même d'une phrase comme « *mon* père ».

En tout cas, on ne peut pas parler d'une seule « Singularité », ou même d'une seule forme du transhumanisme, un concept qui se subdivise en divers sous-groupes : le transhumanisme politique et libertaire, un « techno-gaïanisme » qui voudrait garantir que la technologie serve l'écologie, un androgynisme technologique qui espère profiter des technologies de la reproduction et trouver le moyen d'éliminer la question du genre, et bien d'autres encore [14].

Sur le site *Transhumanist FAQ* [15], une profession de foi du transhumanisme due à la collaboration de plus de cent partisans de cette philosophie, on essaie de moduler et de contrebalancer les voix les plus extrémistes du mouvement. Alors qu'ils estiment que l'architecture de leur vision de l'avenir repose sur la superintelligence et l'ingénierie des molécules, ils veulent attirer aussi l'attention sur les autres technologies qui, pensent-ils, joueront également un rôle : la psychopharmacologie, les thérapies antivieillesse, les interfaces neurales, les outils de gestion de l'information, les drogues qui améliorent la mémoire, les ordinateurs portables et *wearable* (miniaturisés au point d'être intégrés aux vêtements ou objets quotidiens), ainsi que les techniques cognitives. Mais d'après moi, pour beaucoup de gens, qui ne sont pas exactement des luddites mais qui ne sont pas non plus à la pointe dans le domaine de la technologie, il est préférable de délaisser ces visions et ces questions brûlantes relatives à notre futur pour plutôt s'intéresser à un monde plus contemporain, tout aussi passionnant. Par contre, comme je l'ai déjà dit, cela peut devenir difficile lorsque les arbres se mettent à vous cacher la forêt. Mais je vous assure que, à l'heure actuelle, ces technologies qui peuvent nous servir d'auxiliaires et de compagnons pour la vie quotidienne existent déjà, ne coûtent pas très cher et ne sont pas difficiles à utiliser.

À une conférence de TED en 2009[16], Pranav Mistry et Pattie Maes[17] ont fait la démonstration d'une invention de Mistry appelée le *SixthSense* (« le Sixieme Sens »), et qu'il décrit comme « un appareil qu'on peut porter sur soi, et qui permet des interactions entre le monde tangible et le monde des données ». Pendant que Maes prononçait son discours, on pouvait voir une vidéo de Mistry montrant comment mener une existence parfaitement normale, à un détail près : votre spectral mais utile Sixième Sens vous accompagne.

Au début de cette vidéo, Mistry est assis dans un fauteuil chez lui en train de lire le journal. Mais à la place de la photo habituelle de la une, on a une image en couleurs composée de lumière qui semble projetée de son corps. Ensuite, on voit Mistry dans un supermarché en train de faire ses courses, avec des lettres en lumières vertes qui se projettent, encore à partir de son corps, sur un rouleau d'essuie-tout qu'il tient dans ses mains. Les lettres indiquent le prix, la qualité et le nombre de feuilles de ce rouleau, et quand Mistry touche l'un de ces signes, une liste de nouveaux renseignements flottants remplace la première.

Le même soir, Mistry se rend dans un taxi à l'aéroport. Inquiet d'être en retard, il lève le bras et trace un cercle sur son poignet avec le doigt de l'autre main. La silhouette lumineuse d'une montre apparaît instantanément sur son poignet et il lit l'heure. Après son vol, on l'aperçoit sur un pont, regardant en touriste le soleil se coucher. Puis il forme un carré devant ses yeux avec ses deux index et ses deux pouces, et on entend un déclic. Plus tard, on le voit en train d'arranger ses photos, ou plutôt des images de ses photos, projetées sur le mur externe d'un bâtiment. Et finalement, quand un autre étudiant s'approche pour le saluer, des phrases relatives aux goûts, centres d'intérêt et à l'identité de cet étudiant (les éléments de son identité qu'il a décidé de révéler aux autres, comme sur Facebook) couvrent sa chemise, presque au moment même où Mistry le regarde.

Comment peut-on obtenir un trésor technologique de ce type, qui vous suit partout, recouvrant chaque expérience sensorielle d'une toile de métarenseignements ? Pas en laboratoire, où des millions sont dépensés pour l'étude de miracles, ni dans une boutique de gadgets extraordinaires à plusieurs milliers de dollars. Le logiciel qui met en marche le Sixième Sens est gratuit, parce que Mistry et sa partenaire Pattie Maes ont décidé de le produire dans le cadre « open source ». Vous pouvez le télécharger librement sur plusieurs sites Internet. Et les outils et matériels pour construire cet appareil étonnant ? Vous pouvez acheter tout pour à peu près 350 dollars. Il s'agit seulement d'un appareil photo ordinaire qu'on peut porter avec un cordon sur le cou ; d'un portable normal avec connexion sans fil relié à Internet que vous gardez dans votre poche ; d'un petit projecteur d'une taille minuscule qui fonctionne avec une seule pile ; et finalement, de quatre dés à coudre colorés, portés au bout des doigts pour faire des dessins visibles avec les mains devant l'appareil photo.

Le secret de la performance du Sixième Sens est fondé sur la capacité de ces éléments pas très insolites à fonctionner très étroitement ensemble d'une manière qui, elle, est insolite : l'appareil photo peut saisir les mouvements dessinés par les doigts de Mistry à la lumière du projecteur, qui adresse cette information sous une forme numérique au portable. Lequel trouve les renseignements appropriés sur la

Toile et les renvoie au projecteur ; et le projecteur fait jaillir ces renseignements sur un journal, sur le rouleau d'essuie-tout, sur le poignet de Mistry, ou sur la chemise d'un collègue.

C'est incroyable tout ce qu'on peut accomplir dans un esprit d'harmonie. Évidemment, ni les champs de bataille d'un futur inconnu ni l'anxiété d'une humanité en train de disparaître ne sont propices à l'accomplissement de miracles technologiques. C'est plutôt dans les supermarchés, les aéroports et les activités humbles de la vie quotidienne, là où chacun peut rester son maître, que les choses avancent avec suffisamment de magie.

Notes

Introduction

1. Benderson, Bruce, « Nano Future ! » in *GQ France*, n° 18, août 2009, pp. 58-59. Une partie de l'introduction s'inspire de cet article.

2. Marinetti, Filippo Tommaso, auteur du « Manifeste du futurisme », paru dans *Le Figaro* du 20 février 1909.

3. Personnes qui refusent l'innovation technologique. Vient de la révolte des « luddites », ouvriers qui détruisirent des machines industrielles dans l'Angleterre du début du dix-neuvième siècle.

4. Kurzweil, Ray, *The Singularity Is Near : When Humans Transcend Biology*, Viking Press, New York, 2005, p. 22.

5. Kurzweil, Ray, *op. cit.*, p. 23.

6. Dr. Anna Powell Editor, Department of English, Deleuze Studies, The English Research Institute, Manchester Metropolitan University. http://www.eri.mmu.ac.uk/deleuze/on-deleuze-why_study_Deleuze.php

7. Good, Irving John, « Speculations Concerning the First Ultraintelligent Machine », *Advances in Computers*, vol. 6, Academic Press, New York, 1965.

8. Vinge, Vernor, « How to Survive in the Post-Human Era », pour le VISION-21 Symposium, NASA Lewis Research Center and Ohio Aerospace Institute, 30-31 mars 1993.

9. Kurzweil, Ray, *op. cit.*, p. 9.

1. La Singularité

1. Kafka, Franz, *Lettres à Milena*, trad. Alexandre Vialatte, Gallimard, coll. « L'Imaginaire », pp. 266-267.

2. Kurzweil Ray, *The Singularity is Near : When Humans Transcend Biology*, Viking Press, New York, 2005, p. 8.

3. Kurzweil, *op. cit.*, p. 25.

4. Kurzweil, *op. cit.*, p. 11.

5. Inventeur, directeur d'Intel dans les années 1970.

6. Kurzweil, *op. cit.*, p. 57.

7. Système inventé en 1965 (cité dans le tableau chronologique de Kurzweil Technologies, Inc). Voir http://www.fundinguniverse.com/company-histories/Kurzweil-Technologies-Inc-Company-History.html

8. Moravec, Hans, « Robots, Re-Evolving Mind », Carnegie Mellon University-Robotics Institute, décembre 2000. Texte disponible sur : http://www.frc.ri.cmu.edu/~hpm/project.archive/robot.papers/2000/Cerebrum.html

9. Moravec, Hans, « Rise of the Robots », in *Scientific American,* décembre 1999, pp. 124-135.

10. Le National Aeronautics and Space Administration, responsable des programmes spatiaux américains.

11. Voir http://www.singularityu.org

12. TED (Technology, Entertainment, Design).

13. Kurzweil, *op. cit.*, p. 13.

14. Kurzweil, *op. cit.*, p. 9.

15. Minsky, Marvin, professeur au Massachusetts Institute of Technology (MIT). Innovateur dans le domaine de l'intelligence artificielle depuis les années 1950.

16. Minsky, Marvin, *Conscious Machines*, in « Machinery of Consciousness », Proceedings, National Research Council of Canada, 75th Anniversary Symposium on Science in Society, juin 1991.

17. *Ibid.*

2. Vers un éden mécanique

1. McLuhan, Herbert Marshall, *The Medium Is the Message : An Inventory of Effects*, illust. Quentin Fiore, Bantam Books, New York, 1967.

2. Derrida, Jacques, *La carte postale. De Socrate à Freud et au-delà*, 1980, Flammarion.

3. Deleuze, Gilles et Guattari, Félix, *Mille Plateaux*, vol. 2 de *Capitalisme et Schizophrénie*, Éditions de Minuit, Paris, 1980.

4. Biologiste, frère d'Aldous Huxley.

5. Huxley, Julian, « Transhumanism », in *New Bottles for New Wine*, Chatto & Windus, 1957, pp. 13-17.

6. Kurzweil, Ray, *The Singularity is Near, op. cit.*, p. 7.

7. L'éditeur a pris le parti de parler de singularistes plutôt que de singularitariens.

8. Kurzweil, Ray, *op. cit.*, p. 26.

9. Kurzweil, Ray, *The Age of Intelligent Machines*, The MIT Press, Cambridge, 1992.

10. Kurzweil, Ray, *The Age of Spiritual Machines : When Computers Exceed Human Intelligence*, Penguin, New York, 2000.

11. Kurzweil, Ray, *The Age of Spiritual Machines*, *op. cit.*, pp. 278-279.

12. Kurzweil, Ray, *The Singularity Is Near*, *op. cit.*, p. 136.

13. Kurzweil, Ray, *op. cit.*, p. 27.

14. Kurzweil, Ray, *op. cit.*, p. 317.

15. Kurzweil, Ray, *op. cit.*, p. 123.

16. Voir « Nanotechnology : The Intersection of Information and the Physical World » *in* Kurzweil, Ray, *The Singularity Is Near*, *op. cit.*, pp. 226-258.

17. Kurzweil, Ray, *op. cit.*, pp. 227, 253.

18. Voir « Utility Fog », *Nanotechnology Now*, http://www.nanotech-now.com/utility-fog.htm

19. Hall, J. Storrs, « On Certain Aspects of Utility Fog », http://www.pivot.net/~jpierce/aspects_of_ufog.htm

20. Browning, Valerie, « Utility Fog », http://www.wildirisdesign.com/nano/ufog.html

21. Wilson, Jim, « Shrinking Micromachines : A new gene-

ration of tools will make molecule-size machines a reality », *Popular Mechanics*, novembre 1997.

22. Kurzweil, Ray, *op. cit.*, pp. 14-21.

23. Pour une explication détaillée de la période 6, voir Kurzweil, Ray : *The Singularity Is Near*, *op. cit.*, chap. 6, pp. 299-368.

3. Les antisingularistes

1. *Newsweek*, 25 mai 2009.

2. Numéro.

3. Myers, Paul Zachary « PZ » (né en 1957) : professeur américain de biologie à l'université du Minnesota-Morris et auteur du blog Pharyngula (http://scienceblogs.com/pharyngula/).

4. Les créationnistes revendiquent l'interprétation littérale de la Bible et sont contre l'enseignement de la théorie de l'évolution dans des écoles américaines.

5. http://scienceblogs.com/pharyngula/2009/02/ singularly _silly_singularity.php

6. « The Singularity : Your Future as a Black Hole », conférence de Bruce Sterling au Conference Center, Fort Mason Center, San Francisco, Californie, 11 juin 2004. Je renvoie à Brand, Stewart, Long Now Foundation : http://longnow.org/seminars/02004/jun/11/the-singularity-your-future-as-a-black-hole/

7. John von Neumann (1903-1957), considéré comme l'un des plus grands mathématiciens du siècle dernier. Il a notamment étudié la mécanique quantique, la théorie des jeux, la statistique et la science des ordinateurs.

8. Voir *Gödel, Escher, Bach : an Eternal Golden Braid*, Basic Books, 1979. [*Gödel, Escher, Bach : les brins d'une éternelle guirlande*, Dunod, 2008].

9. Cohen, Tal, « An Interview with Douglas R. Hofstadter, following "I Am a Strange Loop" », *in* Tal Cohen's Bookshelf : A Collection of Personal Opinions about Books, 2008 ; http://tal.forum2.org/hofstadter_interview.

10. *Ibid.*

11. www.edge.org

12. Voir Brockman, John : www.edge.org/about_edge.html

13. *Ibid.* « The Digerati ».

14. Sur Lanier : http://www.edge.org/3rd_culture/lanier/lanier_index.html

15. « A Q&A with Author Jaron Lanier », sur amazon.com (voir http://www.amazon.com/You-Are-Not-Gadget-Manifesto/dp/0307269647/ref=sr_1_1 ?ie=UTF8&s=books&qid=1269918837&sr=1-1).

16. « Jaron Lanier : Computer Scientist, Composer, Visual Artist and Author », 2006, Commencement Honoree, New Jersey Institute of Technology.

17. Lanier, Jaron, *You Are Not a Gadget : A Manifesto*, Knopf, New York, 2010.

18. Lanier, Jaron, « On "Digital Maoism" : The Hazards of the New Online Collelcivism », Edge, The Reality Club, http://www.edge.org/discourse/digital_maoism.html

19. *Ibid.*

20. « A Q&A with Author Jaron Lanier », sur amazon.com.

21. *Ibid.*

22. Lanier, Jaron, « One Half a Manifesto », sur *Edge* (http://www.edge.org/3rd_culture/lanier/lanier_index.html).

23. *Ibid.*

24. *Ibid.*

25. *Ibid.*

26. D'après Armageddon, référence à l'Apocalypse.

27. Joy, Bill, l'un des inventeurs du langage Java et des protocoles TCP et IP pour les logiciels de gestion de réseaux qui rendent l'Internet possible.

28. Joy, Bill, « Why the Future Doesn't Need Us », *Wired*, 8 juillet 2000.

29. Lanier, Jaron, « One Half a Manifesto… », *op. cit.*

30. Nuvo est vendu sur le site http://nuvo.jp/nuvo_home.html.

4. L'avenir n'est plus ce qu'il était

1. Clark, Andy, *Natural-Born Cyborgs : Minds, Technologies, and the Future of Human Intelligence*, Oxford University Press, 2004.

2. Georges, Thomas M., *Digital Soul : Intelligent Machines and Human Values*, Basic Books, 2003.

3. Clark, *op. cit.*, p. 5.

4. Kurzweil, *The Singularity Is Near..., op. cit.,* p. 5.

5. Clark, *op. cit.*, p. 5.

6. Brooks, Rodney A., *Flesh and Machines : How Robots Will Change Us,* Vintage, 2003.

7. Brooks, *op. cit.*, p. 10.

8. Tous les chiffres viennent du site www.nationmaster.com.

9. Wolfe, Bernard, *Limbo*, Caroll & Graf Publishers, 1987. Ce roman décrit un monde post-apocalyptique.

10. Clark, *op. cit.*, p. 10.

11. Georges, *op. cit.*, pp. 1-3, 209.

12. *AI : Artificial Intelligence.* Film de Steven Spielberg sur la technologie robotique, réalisé en 2001.

13. *Bicentennial Man*, film sur le thème des cyborgs, réalisé en 1999 par Chris Columbus.

14. Georges, *op. cit.*, p. 4.

15. Clark, *op. cit.*, p. 11.

16. Clark, *op. cit.*, p. 6.

17. Kelly, Kevin, *What Technology Wants,* Viking Adult, 2010.

18. Mitchell, William J., *Me++ : The Cyborg Self and the Networked City,* The MIT Press, 2004.

19. « Der Rundfunk als Kommunikationsapparat », in *Blätter des Hessischen Landestheaters*, Darmstadt, n° 16, juillet 1932. Pour la traduction française : B. Brecht, *Sur le cinéma*, Travaux 7, L'Arche, Paris, 1970, p. 137.

20. Mitchell, *op. cit.*, pp. 1-3, 42, 68-69

21. Mitchell, *op. cit.*, pp. 1-2.

22. Mitchell, *op. cit.*, pp. 2, 101.

23. Mitchell, *op. cit.*, pp. 3, 77-78.

24. Pour plus de renseignements sur le RFID, voir : http://en.wikipedia.org/wiki/Radio-frequency_identification.

25. De telles puces sont actuellement disponibles à l'Exploratarium, un musée des sciences à San Francisco.

26. Voir http://www.robotshop.us/nabaztag-mirror-starter-pack-1.html.

27. Le club s'appelle Baja Beach.

28. Espiner, Tom, « Nike+iPod Raises RFID Privacy

Concerns », Special to CNET News.com, 13 décembre 2006 (http://news.cnet.com/NikeiPod-raises-RFID-privacy-concerns/2100-1029_3-6143606.html ?part=dl&tag=feed_2574&subj=6143606&tag=news).

29. Albrecht, Katherine, *Spychips : How Major Corporations and Government Plan to Track Your Every Purchase and Watch Your Every Move*, Plume, 2006.

30. Voir « DARPA Cyborg Insects With Nuclear-Powered Transponders » sur Technovelgy.com (http://www.technovelgy.com/ct/Science-Fiction-News.asp ?NewsNum=2696) ; ainsi que Kitchener, Gary, « Pentagon Plans Cyber-Insect Army », BBC News, 16 mars 2006 (http://news.bbc.co.uk/2/hi/americas/4808342.stm).

31. Bennett, Jody Ray, « Wasps of War », in « Security Watch », ISN, ETH Zurich, Swiss Federal Institute of Technology (http://www.isn.ethz.ch/isn/Current-Affairs/Security-Watch/Detail/ ?lng=en&id=108509).

32. Adee, Sally, « Nuclear-Powered Transponder for Cyborg Insect : Engineers develop radioisotope MEMS power source for insect spy program », in *Spectrum : Inside Technology,* 10 décembre 2009 (http://spectrum.ieee.org/semiconductors/devices/nuclearpowered-transponder-for-cyborg-insect).

33. *Sexe et Solitude*, Payot, 1999.

34. Mitchell, *op. cit.*, p. 3.

35. « The Mayan Caper », in *The Soft Machine* (*La machine molle*).

36. Saenz, Aaron, « Forget IQ, Collective Intelligence Is the New Measure of Smart », sur Singularity Hub, 21 mars 2010 (http://singularityhub.com/2010/03/21/forget-iq-collective-intelligence-is-the-new-measure-of-smart-video/).

37. Le World Community Grid est un réseau IBM qui relie 1,5 million d'ordinateurs, qui travaillent ensemble pour analyser des données et produire des simulations. Voir Saenz : « Use Your Idle Computer Time to Save the World », sur Singularity Hub, 22 février 2010 (http://singularityhub.com/2010/02/22/use-your-idle-computer-time-to-save-the-world/).

38. Sutter, John D, « Strangers make collective art on the Web » ; sur CNN Tech (http://www.cnn.com/2009/TECH/10/24/tech.online.collaborative.art/index.html).

39. Voir par exemple : www.snopes.com.

40. Lévy, Pierre, *L'Intelligence collective : pour une anthropologie du cyberspace*, La Découverte, 1997.

41. Ellul, Jacques. Chrétien anarchiste et écrivain qui était convaincu que l'efficacité technologique avait démystifié le sacré.

42. Gray, Chris Hables, *Cyborg Citizen : Politics in the Posthuman Age*, Routledge, 2002.

43. Pour toutes citations de ce paragraphe, voir Gray, *op. cit.*, pp. 2-3.

5. Hybrots, robots

1. Brooks, Rodney A., *Flesh and Machines : How Robots Will Change Us*, Pantheon, 2002, p. 10.

2. Voir : « Cultured neuronal network » sur wikipedia.org (http://en.wikipedia.org/wiki/Cultured_neuronal_network)

3. DeMarse, Thomas B., Wagenaar, Daniel A., Blau, Axel W. et Potter, Steve, « The Neurally Controlled Animat : Biological Brains Acting with Simulated Bodies », in *Autonomous Robots* 11, 305-310, 2001.

4. Cité dans « Cultured neuronal network » sur wikipedia.org. La phrase vient de Bakkum D. J., Shkolnik A. C., Ben-Ary G., Gamblen P., DeMarse T. B., Potter S. M. : « Removing Some "A" from AI : Embodied Cultured Networks », in *Embodied Artificial Intelligence : International Seminar*, château de Dagstuhl, Allemagne, 7-11 juillet, 2003, Revised Selected Papers.

5. Voir « Hybrot » sur wikipedia.org ; ainsi que : Georgia Institute Of Technology, « Georgia Tech Researchers Use Lab Cultures To Control Robotic Device », in *ScienceDaily*, 28 avril 2003, 22 juin 2010 (http://www.sciencedaily.com/releases/2003/04/030428082503.htm)

6. « Georgia Tech Researchers Use Lab Cultures To Control Robotic Device », *op. cit.*

7. *Monte là-dessus*, de Robert Stevenson, 1961.

8. Saenz, « Disturbingly Real Replicants from Hanson Robotics », sur Singularity Hub, 17 juillet 2009 (http://singularityhub.com/2009/07/17/disturbingly-real-replicants-from-

hanson-robotics/). On peut aussi supposer que Frubber = « flesh » + « rubber ».

9. « Prosthetic Sculptures Duplicate Faces of Wounded U.S. Soldiers », transcription d'une conversation avec David Hanson sur PBS News Hour, 12 octobre 2006 (http://www.pbs.org/newshour/bb/health/july-dec06/hanson_10-11.html).

10. *Ibid.*

11. *Des yeux sans visage*, de Georges Franju, 1960.

12. Bryant, Dave, « The Uncanny Valley », in *Glimpses* (http://www.arclight.net/ %7Epdb/nonfiction/uncanny-valley.html)

13. Guyizzo, Erico, « Geminoid F : Hiroshi Ishiguro Unveils New Smiling Female Android », sur ieee Spectrum : Inside Technology, 3 avril 2010 (http://spectrum.ieee.org/automaton/robotics/humanoids/040310-geminoid-f-hiroshi-ishiguro-unveils-new-smiling-female-android).

14. Saenz, « Robot Look Alikes Go on Sale in Japan », sur Singularity Hub, 4 janvier 2010. (http://singularityhub.com/2010/01/04/robot-look-alikes-go-on-sale-in-japan-video/)

15. Consultez <http://www.youtube.com/watch?v=HIn8s 3WjQWc> pour voir ce robot.

16. Saenz, « Hanson Discusses Robots That Show Emotion in TED Video », sur Singularity Hub, 26 octobre 2009 (http://singularityhub.com/2009/10/26/hanson-discusses-robots-that-show-emotion-in-ted-video/)

17. *Replicant* : terme anglais issu de la science-fiction qui fait référence à un être artificiel copie exacte d'un être humain.

18. Saenz, « iCub Takes Humanoid Robotics Back to Its Infancy », sur Singularity Hub, 30 septembre 2009 (http://singularityhub.com/2009/09/30/icub-takes-humanoid-robotics-back-to-its-infancy/)

19. Nosengo, Nicola, « Robotics : The bot that plays ball », *Nature News*, édité en ligne 26 août 2009, *Nature* 460, 1076-1078 (2009) (http://www.nature.com/news/2009/090826/full/4601076a.html)

20. Giulio Sandini. Chercheur à l'Institut italien de technologie (ITT) de Gênes.

21. On peut voir le RobotCub, qui s'appelle iCub 1, sur http://www.nature.com/news/2009/090826/full/4601076a.html.

22. Oliviero Stock. Chercheur à la Bruno Kessler Foundation à Trente.

23. La vidéo du RobotCub se trouve à : http://www.youtube.com/watch?v=Dmj5TP7XIFE&feature=player_embedded#!

24. Voir : http://www.artificialmuscle.com/.

25. Pour une explication de base du haptics, voir : http://www.isfh.org/haptic_logo.htm

Pour plus de renseignements sur cette technologie, consulter l'article sur wikipedia.org, « Haptic technology » (http://en.wikipedia.org/wiki/Haptic_technology).

26. Voir : http://www.artificialmuscle.com/technology.php

27. Site de Stefan Ulrich : http://www.eltopo.de/

Voir aussi : « Funktionide by Ulrich, Stefan », in *Dezeen*, affiché par Brad Turner, 5 octobre 2009 (http://www.dezeen.com/2009/10/05/funktionide-by-stefan-ulrich/).

28. Déclaration d'Ulrich sur http://www.eltopo.de/.

29. Mail du 10 avril 2010.

6. Liaisons dangereuses

1. Voir : http://www.the-soulmen.com/ulysses/. Les logiciels marchent aussi en français.

2. http://www.pranavmistry.com/ithink/pranav_fma.pdf.

3. http://www.emotiv.com.

4. Dewan, Edmond M., « Occipital Alpha Rhythm Eye Position and Lens Accomodation », *Nature* 214, 975-977 (3 juin 1967).

Dewan a travaillé aussi avec des compositeurs de musique expérimentale, dont John Cage.

5. Voir http://cnslab.ss.uci.edu/muri/muri.html.

6. Bauby, Jean-Dominique, *Le Scaphandre et le Papillon*, Robert Laffont, 2007.

7. *La Mouche* (*The Fly*), de Kurt Neumann, 1958.

8. « Quantum Teleportation », sur la page Internet « IMB Research : Quantum Information Page » (http://www.research.ibm.com/quantuminfo/teleportation/).

9. Kluger, Jeffrey, « Teleportation ! », *in* « The Top Ten Everything of 2009 », *Time*, 8 décembre, 2009.

10. Dublin, Max, *Futurehype : The Tyranny of Prophecy* (seulement disponible en format poche), Plume, 1992. Similaire et plus récent, par le même auteur : *Future Hype : The*

Myths of Technology Change, Berrett-Koehler Publishers, 2006.

11. Frank J. Tipler est physicien et cosmologiste, et professeur à université de Tulane, La Nouvelle-Orléans.

12. Kenneth J. Hayworth est physicien et cosmologiste à Harvard. Voir : http://geon.usc.edu/~ken/

13. Vance, Ashlee, « According to Ray Kurzweil, You and I Are Going to Live Forever », *The Citrus Report*, 14 juin 2010 (http://www.thecitrusreport.com/2010/headlines/according-to-raymond-kurzweil-you-and-i-are-going-to-live-forever/).

14. « Transhumanism » dans wikipedia.org.

15. http://www.extropy.org/faq.htm.

16. Voir : « Pattie Maes et Pranav Mistry demo SixthSense », une vidéo sur le site TED.org, enregistrée en février 2009 et mise en ligne en mars 2009 (http://www.ted.com/talks/lang/eng/pattie_maes_demos_the_sixth_sense.html).

Voir aussi : « Pranav Mistry : The thrilling potential of SixthSense technology », une vidéo sur le site TED.org, enregistrée à TEDIndia et mise en ligne en novembre 2009 (http://www.ted.com/talks/lang/eng/pranav_mistry_the_thrilling_potential_of_sixthsense_technology.html).

17. Pattie Maes, chercheuse au MIT, est aussi directrice des expériences de Mistry concernant le SixthSense.

J'ai commencé ce livre après avoir suggéré aux éditeurs de Payot & Rivages que, pour la première fois, j'écrirais un livre directement en français. Benoîte Mourot, la directrice, et Lidia Breda, mon éditrice, m'ont fait suffisamment confiance pour accepter. Ayant l'habitude de faire de courts articles de journalisme de cette façon, je m'en sentais capable. Je me trompais. Pour cette raison, je remercie chaleureusement Catherine Texier et Vincent Eggericx, deux amis et collègues littéraires français, car sans leurs corrections de mon « patois français » ce livre n'aurait pas été très lisible. Et je suis aussi très reconnaissant à Maryse Djian et Benjamin Guérif, qui ont exterminé les derniers « américanismes » ou passages flous de mon texte.

Je remercie enfin mon ami François Guérif pour ses suggestions.

Table

Déjà parus

Marc Augé, *Les Formes de l'oubli*
Marc Augé, *Éloge de la bicyclette*
Marc Augé, *Pour une anthropologie de la mobilité*
Zygmunt Bauman, *Vies perdues*
Marc Bekoff, *Les Émotions des animaux*
Bruce Benderson, *Sexe et Solitude*
Isaiah Berlin, *La Liberté et ses traîtres*
Michel Cassé, *Théories du ciel*
Anne Cauquelin, *Petit traité du jardin ordinaire*
Claude Chabrol et François Guérif, *Comment faire un film*
Catherine Chalier, *De l'intranquillité de l'âme*
Malek Chebel, *Du désir*
Mauro Corona, *Le Vol de la martre*
Anne Dufourmantelle, *En cas d'amour*
A. Gnoli-F. Volpi, *Entretiens avec A. Hofmann*
James Hillman, *La Trahison* et autres essais
James Hillman, *La fiction qui soigne*
Ippolita, *La Face cachée de Google*
Gabriel Matzneff, *De la rupture*
Rob Nairn, *Qu'est-ce que la méditation ?*
Dominique Noguez, *Les Plaisirs de la vie*
Dominique Noguez, *Comment rater complètement sa vie en onze leçons*
Dominique Noguez, *Vingt choses qui nous rendent la vie infernale*
Jackie Pigeaud, *Poésie du corps*
Jackie Pigeaud, *Melancholia*
Pierre Sansot, *Du bon usage de la lenteur*
Pierre Sansot, *Chemins aux vents*
Pierre Sansot, *La beauté m'insupporte*
Pierre Sansot, *Ce qu'il reste*
Fernando Savater, *Pour l'éducation*
Amartya Sen, *La démocratie des autres*
Manlio Sgalambaro, *Traité de l'âge*
Michel Surya, *De l'argent*
Chantal Thomas, *Comment supporter sa liberté*
Chantal Thomas, *Souffrir*
Shmuel Trigano, *Le Temps de l'exil*
Raoul Vaneigem, *Pour l'abolition de la société marchande*

Mise en pages PCA – 44400 Rezé

Achevé d'imprimer en septembre 2010 par Corlet imprimeur – 14110 Condé-sur-Noireau
Dépôt légal : septembre 2010 - N° d'Imprimeur : 131708 - *Imprimé en France*